Historia del Sudeste Asiático

Una guía fascinante de la historia de una vasta región que incluye países como Camboya, Laos, Tailandia, Singapur, Indonesia, Birmania y otros

© Copyright 2021

Todos los derechos reservados. Ninguna parte de este libro puede ser reproducida de ninguna forma sin el permiso escrito del autor. Los revisores pueden citar breves pasajes en las reseñas.

Descargo de responsabilidad: Ninguna parte de esta publicación puede ser reproducida o transmitida de ninguna forma o por ningún medio, mecánico o electrónico, incluyendo fotocopias o grabaciones, o por ningún sistema de almacenamiento y recuperación de información, o transmitida por correo electrónico sin permiso escrito del editor.

Si bien se ha hecho todo lo posible por verificar la información proporcionada en esta publicación, ni el autor ni el editor asumen responsabilidad alguna por los errores, omisiones o interpretaciones contrarias al tema aquí tratado.

Este libro es solo para fines de entretenimiento. Las opiniones expresadas son únicamente las del autor y no deben tomarse como instrucciones u órdenes de expertos. El lector es responsable de sus propias acciones.

La adhesión a todas las leyes y regulaciones aplicables, incluyendo las leyes internacionales, federales, estatales y locales que rigen la concesión de licencias profesionales, las prácticas comerciales, la publicidad y todos los demás aspectos de la realización de negocios en los EE. UU., Canadá, Reino Unido o cualquier otra jurisdicción es responsabilidad exclusiva del comprador o del lector.

Ni el autor ni el editor asumen responsabilidad alguna en nombre del comprador o lector de estos materiales. Cualquier desaire percibido de cualquier individuo u organización es puramente involuntario.

Índice

INTRODUCCIÓN 1
CAPÍTULO 1 - LOS PRIMEROS FRUTOS DE BIRMANIA 3
CAPÍTULO 2 - CAMBOYA ENTRA EN ESCENA 9
CAPÍTULO 3 - EL SURGIMIENTO DEL REINO DE VIETNAM 19
CAPÍTULO 4 -TAILANDIA Y SUS PRIMEROS REINOS 25
CAPÍTULO 5: LA INTRIGA POLÍTICA DE LA ANTIGUA
INDONESIA 31
CAPÍTULO 6 - BIRMANIA Y LOS BRITÁNICOS 39
CAPÍTULO 7 - VIETNAM, LAOS Y CAMBOYA SE ABREN AL
MUNDO 48
CAPÍTULO 8 - ISLAS DEL DESCUBRIMIENTO - FILIPINAS 53
CAPÍTULO 9 - LA LLEGADA DE LOS COLONOS Y LOS
CAPITALISTAS 57
CAPÍTULO 10 - EL SUDESTE ASIÁTICO CONSUMIDO POR LA
ESFERA DE COPROSPERIDAD 67
CAPÍTULO 11 - EL SUDESTE ASIÁTICO Y EL DULCE SABOR DE
LA LIBERTAD 81
CONCLUSIÓN: DONDE LA LEYENDA SE ENCUENTRA CON LA
REALIDAD 95
VEA MÁS LIBROS ESCRITOS POR CAPTIVATING HISTORY 97
APÉNDICE A: LECTURAS ADICIONALES Y REFERENCIAS 98

Introducción

Se puede afirmar que hubo presencia humana en el Sudeste Asiático hace al menos 40.000 años. Pues fue en esta época, durante la última Edad de Hielo, cuando los arqueólogos rastrearon asentamientos humanos prehistóricos en lugares como Borneo, Flores y Java. Se cree que durante la última Edad de Hielo, cuando el nivel del mar era mucho más bajo, estas islas eran en realidad una parte del continente. Esto significa que los primeros viajeros humanos procedentes de Asia podrían haber atravesado fácilmente los puentes de tierra para asentarse en estas regiones. Sin embargo, el cambio climático provocado por el deshielo de los glaciares hace unos 10.000 años convirtió a estos primeros habitantes humanos en isleños y no en simples moradores de una costa continental. No existe ningún registro escrito de estos primeros habitantes del Sudeste Asiático, pero los rastros de civilización que dejaron atrás siguen siendo desenterrados por equipos de arqueólogos hasta el día de hoy.

De hecho, en 2004 se hizo un importante descubrimiento al desenterrar un antepasado humano primitivo, que se dice que tenía 18.000 años. Estos restos óseos eran similares a los de los humanos modernos, excepto por el hecho de que su altura máxima parecía ser de solo un metro. Esto llevó a algunos a denominar a estos antiguos asiáticos del sudeste como hobbits, como en el cuento fantástico de J.

R. R. Tolkien del mismo nombre. Los investigadores aún no están seguros de si estos misteriosos isleños eran simplemente una versión más pequeña de los primeros *Homo sapiens* (humanos modernos) o tal vez estaban más emparentados con un predecesor humano anterior como el *Homo erectus*, un primate que caminaba erguido con algunos atributos humanos.

Tras el final de la última Edad de Hielo, los habitantes del sudeste asiático aprendieron rápidamente a adaptarse a su entorno. Los poderosos ríos que surcaban las tierras del sudeste asiático propiciaron un aumento de la riqueza agrícola. Se ha sugerido que fue en los fértiles valles de Vietnam, Tailandia y Birmania donde surgieron algunos de los primeros asentamientos agrícolas, algunos de los cuales se remontan al año 8000 a. C. En lugares como Tailandia, Vietnam, Java, Bali y Filipinas, la gente aprendió métodos para poder aprovechar el entorno húmedo, lo que les permitió producir granjas de arroz adecuadamente regadas. La naturaleza autosuficiente de estas granjas alimentaría las grandes civilizaciones del Sudeste Asiático que vendrían. El entorno húmedo también favoreció el uso de barcos para el transporte de un lugar a otro. Por muy dispersas que estén las regiones del Sudeste Asiático, este transporte garantizó un diálogo intercultural continuo entre los distintos pueblos de esta zona.

Los habitantes del sudeste asiático tuvieron que aprender a adaptarse a su entorno, y su ingenio se aprecia en la propia naturaleza de sus asentamientos. Como la región es propensa a las inundaciones, hubo que desarrollar un estilo de vivienda diferente. Esto incluía una plataforma elevada, es decir, por encima del suelo. De este modo, el agua podía pasar por debajo de la estructura y no inundar la vivienda. Estas estructuras, conocidas como casas sobre pilotes, siguen dominando el paisaje del Sudeste Asiático en la actualidad.

Capítulo 1 - Los primeros frutos de Birmania

«Lo más probable es que la conozcan como Myanmar, pero para mí siempre será Birmania».

-John O'Hurley

Aunque hoy la conozcamos por otro nombre, la nación que ahora se conoce como Myanmar se ha llamado durante mucho tiempo Birmania. El país está situado en tierra firme, al suroeste de China, y se dice que sus primeros residentes conocidos vivieron en la región en algún momento alrededor del 11.000 a. C. Se han encontrado pruebas arqueológicas de estos primeros pobladores birmanos dispersas a lo largo del río Irrawaddy, que fluye por la parte baja y alta de Birmania.

Hacia el año 1500 a. C., estos colonos utilizaban herramientas de bronce y practicaban una agricultura a gran escala. Birmania entró en la Edad de Hierro hacia el 500 a. C., y en el siglo II a. C., los nativos que hablaban un dialecto tibeto-birmano entraron en el ámbito de la historia registrada. Los tibeto-birmanos vivían en una red de asentamientos que se remonta al año 200 a. C., y a partir de ellos se formaron las primeras ciudades-estado.

Debido a la ubicación privilegiada de Birmania entre la India y China, estas ciudades-estado estarían muy involucradas en el comercio entre dos de las principales potencias de Asia. Este comercio de mercancías también trajo consigo un comercio de cultura e ideas, siendo una de las más transformadoras la religión del budismo. La fe budista comenzó en la India, pero nunca llegó a calar entre la población de su tierra natal. En la actualidad, la India es predominantemente hindú, con porcentajes considerables de musulmanes y cristianos, pero muy pocos son budistas.

Al igual que el cristianismo comenzó en Israel y se exportó a las tierras circundantes, también el budismo se lanzó desde su punto de origen para arraigarse en otras naciones. El budismo, al menos en lo que respecta a Birmania, se remonta al menos al siglo III a. C. Estos lazos culturales y religiosos mantuvieron una confederación poco firme entre las antiguas ciudades-estado de Birmania, pero Birmania no se convertiría en una verdadera nación hasta el surgimiento de la dinastía pagana en el año 849 de la era cristiana.

La dinastía Pagan, también llamada a veces dinastía "Pagan", no debe confundirse con la práctica religiosa del paganismo. La dinastía Pagan deriva de una ciudad birmana llamada Pagan, en la que se centró la dinastía Pagan. El reino Pagan controlaba principalmente el norte de Birmania.

Mientras tanto, en el sur, otro reino, conocido como el reino Mon, comenzó a expandirse. Los dos reinos rivalizaban hasta que el reino Pagan consiguió derrotar al reino Mon en 1057 d. C., invadiendo la antigua capital Mon de Thaton en el proceso. Esta fue una pérdida devastadora para el reino Mon, y se dice que el reino Pagan tomó unos 30.000 prisioneros tras la derrota.

Entre estos cautivos había bastantes budistas Theravada. Con el tiempo, estos budistas comenzaron a convertir con éxito a sus captores a su fe. Aunque los pagan ya conocían el budismo en general, fueron los cautivos mon los que tuvieron más éxito como misioneros. El alfabeto Mon también sustituyó a la escritura sánscrita tradicional pagan, y la terminología derivada del pueblo Mon sigue prevaleciendo en Birmania hasta el día de hoy.

Tras la derrota del reino Pagano sobre el reino Mon, el alcance del reino se consolidó bajo el poderoso rey Anawrahta. Los detalles sobre el gobierno de Anawrahta son escasos, pero su legado fue sin duda grande de todos modos. De hecho, fue lo suficientemente grande como para sobrevivir a su muerte en 1077, el año en que su hijo, mucho menos competente, Sawlu, tomó el mando.

Se dice que Sawlu demostró ser tan inepto que en 1084 estalló una gran rebelión de los mon en la parte sur del reino. Sawlu murió en el conflicto, pero su hermanastro, Kyanzittha, fue capaz de enderezar rápidamente el rumbo y, con el fiable aparato estatal y militar en sus manos, sofocó rápidamente los disturbios y devolvió la estabilidad al reino. Tras poner en orden el reino, Kyanzittha demostró ser un gran reformador. Bajo su liderazgo, el reino Pagan tomó medidas para estandarizar las leyes y las costumbres de la región. Esto se hizo con la intención de prevenir futuras rebeliones, como la que había sacudido el reino al principio del reinado de Kyanzittha.

Kyanzittha también se esforzó por acercarse a la cercana potencia de China. En el siglo XII, el reino Pagan era lo suficientemente poderoso como para ser reconocido por la dinastía Song de China y la dinastía Chola de la India. Sin embargo, los pagan encontrarían su fin cuando fueron invadidos por las hordas mongolas lideradas por Kublai Khan.

Los mongoles, cada vez más invasores, derrotaron finalmente a la dinastía Song de China en 1279. A continuación, abandonaron sus posesiones en China y comenzaron a realizar incursiones en el Sudeste Asiático, lo que condujo al saqueo de la capital de Pagan en 1287. Los dirigentes del reino Pagan lograron escapar de las garras de los mongoles y, tras su huida, se establecieron en otros lugares. Los mongoles acabaron por marcharse, pero lo que quedó del reino Pagan se fracturó y se dividió en varias partes autónomas.

En los albores del siglo XIII, las principales entidades políticas de Birmania consistían en los poderes regionales de la Baja Birmania, la Alta Birmania, Arakan y los llamados Estados Shan. El término "Shan" es en realidad un nombre designado para el pueblo de Birmania que tradicionalmente habla tai. Y como es de imaginar, los Estados Shan están geográficamente cerca de la actual Tailandia, además de ser fronterizos con China y Laos. Estos conglomerados regionales se dividieron a su vez en varios principados y distritos.

Como es de imaginar, estos estados fracturados estaban a menudo en discordia entre sí, y este periodo llegaría a tener una serie interminable de conflictos e intrigas políticas. No fue hasta 1364 cuando un actor importante volvió a aparecer en el escenario birmano en la forma del reino de Ava. Centrado en torno a la ciudad de Ava, cerca de los ríos Irrawaddy y Myitnge, en la Alta Birmania, el reino de Ava trató de consolidar no solo el poder político en la región, sino también el cultural.

El reino de Ava apoyó las tradiciones birmanas y se asoció como el verdadero reino heredero de la dinastía pagana. Uno de los gobernantes más hábiles del reino de Ava fue un hombre llamado Mingyi Swasawke, que gobernó desde 1367 hasta 1400. Durante el reinado de Swasawke, se creó una estructura de gobierno más centralizada en la Alta Birmania.

Desgraciadamente, el reino de Ava sería objeto de múltiples conflictos durante los dos siglos siguientes y acabaría siendo amenazado por el vecino reino Toungoo, situado en la Baja Birmania. La llamada dinastía Toungoo se remonta al rey Mingyi Nyo, que estableció su corte en 1510. El hijo del rey Mingyi Nyo, Tabinshwehti, lograría reunir los restos del antiguo reino Pagan.

El rey Tabinshwehti era un gobernante competente y capaz, y transmitió un reino vibrante y dinámico al hombre que le sucedería: su general de confianza, Bayinnaung Kyawhtin Nawrahta. Bayinnaung daría el golpe de gracia al reino de Ava al conquistar la propia Ava en 1555. La dinastía Toungoo acabaría controlando gran parte del antiguo reino Pagan, pero tras la muerte de Bayinnaung en 1581, los principados que había gobernado se convirtieron en algo difícil de retener para sus sucesores.

Las cosas llegaron a su punto álgido en 1599, cuando los Arakan, con la ayuda de algunos soldados fortuitos de Portugal, asaltaron la importante ciudad comercial de Pegu (la actual Bago) y acabaron instigando todo el colapso del reino Toungoo. Sin embargo, los Arakan fueron traicionados por sus aliados portugueses, y se vieron sorprendidos al ver cómo rompían filas y creaban su propio pequeño reino títere en la Baja Birmania.

El mercenario portugués Filipe de Brito debió de tener delirios de grandeza cuando intentó crear su propio principado con sede en la ciudad portuaria y centro comercial de Thanlyin en el año 1603. Sin embargo, la dinastía Toungoo no iba a aceptarlo y, pocos años después, el rey Toungoo reunió sus fuerzas bajo el liderazgo de Nyaungyan Min, que consolidó la Alta Birmania en 1606.

Sin embargo, fue el que le sucedió —Anaukpetlun— quien consiguió expulsar a los portugueses de Thanlyin en el año 1613. La restaurada dinastía Toungoo seguiría reinando en Birmania hasta 1752, cuando fue derrocada por las tropas Hanthawaddy del pueblo Mon. La ciudad de Ava fue incendiada, el rey depuesto y el resto de la familia real encadenada.

Después de su asombrosa victoria, el pueblo Mon pasó a la acción y estableció el llamado reino Hanthawaddy restaurado. Esta encarnación del poder político birmano sería breve, ya que fue desbancada por la dinastía Konbaung, que, en 1759, había conseguido recomponer todos los antiguos estados de Birmania. La dinastía Konbaung se enfrentó a la presión de las fuerzas chinas en el este, y desde 1765 hasta 1769, se vería sometida a cuatro asaltos diferentes sobre el territorio birmano, todos ellos llevados a cabo por la dinastía Qing.

Al verse acorralados por los chinos en el noreste, las fuerzas birmanas comenzaron a expandir su territorio hacia el oeste. Aunque esto permitió la expansión sin provocar a los chinos, llevó a la frontera birmana de los Konbuang a acercarse a lo que entonces era el territorio controlado por los británicos en la India. Las subsiguientes guerras con Gran Bretaña acabarían conduciendo a un largo y costoso proceso de colonización.

Capítulo 2 - Camboya entra en escena

«*Permítanme asegurar que el reino de Camboya, un país con independencia, neutralidad, paz, libertad, democracia y derechos humanos como todos ustedes han visto, existirá sin fin*».

-*Hun Sen*

Gracias a los antiguos registros chinos, disponemos de documentación histórica sobre el primer gran órgano de gobierno que llegó a destacar en Camboya. Esta civilización gobernante fue el reino de Funán, que echó raíces en el siglo I de nuestra era. El nombre "Funán" es de origen chino, y es poco probable que los habitantes reales de la región llamaran a su gobierno con este nombre. Se ha especulado que los chinos llamaron al reino Funán como una designación geográfica, ya que parece ser la versión china de la palabra jemer (una lengua de Camboya) *vnam*, que significa montaña. Sea como fuere, y a falta de un término mejor, este reino camboyano del siglo I será conocido para siempre como el reino de Funán.

El reino de Funán estaba situado en torno al río Mekong, en una región formada por una buena parte de lo que se llama Indochina, la península que sobresale del continente del Sudeste Asiático. Se encuentra al este de la India y al sur de China, y durante siglos ha estado influenciada por estos dos gigantes de Asia.

Al principio, los habitantes de Funán estaban formados por comunidades poco unidas, cada una con su propio líder. Con el tiempo, estas comunidades se fusionaron bajo una administración centralizada para formar un reino mucho más poderoso. En el siglo II se establecieron importantes rutas comerciales entre China e India, lo que convirtió a Camboya en una encrucijada vital entre ambas regiones. Gracias al aumento del tráfico con la India, la religión, la cultura y los estilos de escritura indios empezaron a arraigarse en Camboya.

La escritura sánscrita, en particular, se convirtió en el pegamento que mantuvo unido el pensamiento intelectual camboyano. El sánscrito fue la base de las lenguas escritas en el Sudeste Asiático, al igual que el alfabeto latino se convirtió en la base principal de la escritura en toda Europa. La lengua que se desarrolló posteriormente se conocería como "jemer", pero la primera letra de esta lengua se consiguió mediante una variación del sánscrito.

El reino de Funán alcanzó su máximo poder en el siglo III, cuando era gobernado por el rey Fan Shih-man, un gobernante cuyo reino se extendía hacia Birmania en el oeste, Malasia en el sur, Vietnam en el este y Laos en el norte. Bajo el liderazgo del rey Fan Shih-man, los camboyanos pudieron reforzar su poder naval e instituir un gobierno burocrático racionalizado sobre su creciente reino. Este sistema forjó una confederación laxa de regiones locales bajo una autoridad centralizada, que consiguió mantener las regiones unidas sin ser demasiado exigente con las tradiciones específicas y el gobierno local de los distintos gobernantes regionales.

Mediante la adopción de las prácticas religiosas y legales sánscritas e indias, se dice que el poderoso reino de Funán ayudó a difundir rápidamente estas mismas ideas por todo el Sudeste Asiático. El reino de Funán siguió creciendo durante los siglos siguientes, pero acabaría siendo invadido por una nueva potencia del sureste llamada reino de

Chenla. Chenla fue inicialmente un estado vasallo de Funán, pero con el paso de los años, este antiguo vasallo se hizo lo suficientemente poderoso como para desafiar al propio Funán.

No se sabe mucho sobre este periodo de la historia de Camboya, y la mayoría de los registros escritos que tenemos se basan en gran medida en los historiadores chinos de la época. En cualquier caso, el reino de Chenla comenzó a declinar a finales del siglo VII y, en el año 706 de la era cristiana, Chenla se había dividido en dos grandes entidades políticas: una en el norte, conocida como Chenla Superior, y otra en el sur, llamada Chenla Inferior.

En algún momento del siglo VIII, la Chenla Inferior fue absorbida por la poderosa dinastía Shailendra de Java como un satélite subordinado. Sin embargo, ninguno de los poderosos camboyanos locales estaba preparado para el ascenso de los siguientes grandes: el Imperio jemer. El Imperio jemer surgió cuando un hombre llamado Jayavarman II alcanzó la fama y comenzó a dirigir ataques militares contra los serviles estados vasallos del Sudeste Asiático. Tuvo bastante éxito en sus campañas y pronto se hizo con el control de una gran franja de territorio.

A medida que su fama y poder aumentaban, Jayavarman II adoptó el nombre de "Chakravartin", que se traduce como "Gobernante Universal". El rey Jayavarman II creó una dinastía de lo que se conocía como "devarajas" o "reyes-dioses". Como su nombre indica, se creía que estos gobernantes habían sido ungidos por los poderes del cielo para gobernar a sus súbditos. Aunque el rey Jayavarman II gobernó con una política de "la fuerza hace el bien", parece que fue un gobernante bastante estable. Además, consiguió someter a varios principados a su dominio tanto por medio de los tejemanejes políticos como por el uso de la espada.

Jayavarman II trasladó la sede del gobierno a las regiones interiores del lago Tonle Sap de Camboya, fundando una capital que se conocería como Angkor. Jayavarman II falleció casi cincuenta años después de la fundación de su imperio, y tras su muerte, la antorcha pasó a su hijo, Jayavarman III. No se sabe mucho sobre el reinado de Jayavarman III, pero como no hubo grandes trastornos durante este periodo, parece que debió gobernar su reino bastante bien. A su muerte, el trono fue ocupado por su primo, Indravarman I.

Indravarman gobernó durante algo más de una década antes de morir, pasando las riendas a su hijo, Yasovarman I. Yasovarman realizó grandes inversiones en la ciudad de Yasodharapura, que acabaría llamándose Angkor. Algunos de los elementos más duraderos del legado de este rey fueron los grandes depósitos de agua que implementó para aprovechar el suministro natural de agua de la región. Existen algunas inscripciones que hacen referencia a este rey, pero son bastante míticas.

Una inscripción, por ejemplo, afirma que Yasovarman era «un gigante capaz de luchar con elefantes y matar tigres con sus propias manos». Sin embargo, toda esa lucha con elefantes debió de pasarle factura, ya que el gran rey falleció en el año 910 tras gobernar durante unos veintiún años. Tras su muerte, su hijo mayor, Harshavarman, tomó el relevo. Gobernó durante unos veintidós años y parecía haber reinado sobre un reino próspero. De hecho, una inscripción fechada al final de su reinado, en el año 922, documenta los cuantiosos ingresos fiscales procedentes del arroz. Conocida como la inscripción de Tuol Pei, este artefacto es interesante porque hace especial mención a cómo ciertos grupos religiosos habían sido considerados exentos de impuestos. Como en cualquier organismo de gobierno, los impuestos eran importantes, pero al parecer ciertas instituciones religiosas se beneficiaban de esta exención de impuestos. En cualquier caso, cuando Harshavarman murió, pasó el testigo a su hermano menor, Isanavarman II.

El gobierno de Isanavarman II fue breve; se cree que duró unos cinco años. En 928, fue derrocado por Jayavarman IV. Este rey gobernaría durante unos trece años. Jayavarman IV llevó a cabo muchos proyectos de construcción durante su reinado, y no dudó en utilizar mano de obra esclava para lograr sus objetivos. Así lo demuestra una inscripción oficial del reinado de Jayavarman IV, en la que consta que el rey encargó a unos 117 esclavos los trabajos de construcción de un par de sus templos.

A Jayavarman IV le siguió Harshavarman II, que solo gobernó dos años antes de que Rajendravarman II entrara en escena en 944. Rajendravarman fue otro constructor de templos, y bajo su firme mano se construyeron más instalaciones religiosas, entre ellas el famoso templo de Pre Rup, que sigue en pie hasta el presente. El templo de Pre Rup se construyó en dedicación a la deidad hindú Shiva, y consta de tres niveles. Se perdió de la historia en gran parte hasta que arqueólogos franceses tropezaron con la estructura en la década de 1930. Había quedado literalmente sepultada por las arenas del tiempo, pero tras una cuidadosa excavación, se descubrió que gran parte de ella seguía intacta. Se dice que la estructura representa el monte Meru, un elemento simbólico de la religión hindú y un tema que puede encontrarse en todos los antiguos templos hindúes de Camboya.

De todos los potentados que han gobernado Angkor, uno de los más importantes fue Suryavarman II, que reinó de 1113 a 1150. Bajo Suryavarman II, el reino se extendería desde Camboya hasta Vietnam y el sur de Laos. Con el tiempo, incluso Tailandia se convertiría en un estado vasallo de este poderoso gobernante. Pero su legado más duradero, por mucho, fue la construcción del gran complejo de templos en la capital de Angkor, conocido como Angkor Wat. Angkor Wat, que se extiende por unas 161 hectáreas, es el monumento de temática religiosa más extenso del planeta. Y los que lo construyeron se dieron cuenta de lo grande que era su monumento religioso, como indica el hecho de que lo llamaran "Angkor Wat", que en realidad se traduce como "Ciudad del Templo".

El hecho es que, bajo el gobierno de Suryavarman II, no existía la separación de la Iglesia y el Estado. Así, esta "Ciudad del Templo" era el corazón de todos los acontecimientos políticos del imperio. Aunque Angkor Wat se convirtió más tarde en un lugar religioso para el budismo, originalmente se creó en reverencia al hinduismo. De hecho, debía representar el monte Meru, el centro hindú del universo. E incluso después de la muerte de Suryavarman II, el complejo del templo seguía utilizándose para la práctica del hinduismo, como indica una inscripción realizada en el templo en su honor. La inscripción sagrada contenía el término *Paramavishnuloka*, que significa «Aquel que ha entrado en el mundo celestial de Vishnu».

Los primeros camboyanos estaban realmente entregados a la religión del hinduismo. Se trata de una religión que los occidentales suelen interpretar erróneamente como politeísta cuando, en realidad, es monoteísta. Sí, el hinduismo parece tener cientos de deidades en un panteón tan robusto como el de la antigua Grecia, pero lo que muchos no se dan cuenta es que se cree que los dioses del hinduismo no son más que múltiples manifestaciones del único dios verdadero llamado Brahma. De hecho, los hindúes podrían clasificarse fácilmente como creyentes del panteísmo, ya que creen que todos nosotros —yo, usted, Shiva, Vishnu, un gato, un perro o incluso una roca— somos simplemente manifestaciones de la misma superconciencia/dios. Mientras que en nuestras formas separadas, podemos sentir que somos entidades separadas y distintas, en realidad, solo somos piezas del mismo todo. Estamos hechos de la misma energía/esencia divina original que impregna toda la creación. O, como proclaman los sagrados Vedas del hinduismo, "Todo es Brahmán". Angkor Wat se construyó para servir de testimonio de este sistema de creencias.

En el monumento de Angkor Wat al rey muerto Suryavarman II, hay una elaborada representación de cómo el dios-rey supuestamente se fusionó con Vishnu al morir. Los hindúes creen que cuando morimos, todas nuestras conciencias fracturadas y divididas, después de tantos períodos de reencarnaciones/renacimientos, acabarán fusionándose de nuevo. Esto conducirá finalmente al retorno a la fuente de todo —Brahma. Si un hindú tuviera una experiencia cercana a la muerte y viera una luz brillante al final de un túnel, invitándole a formar parte de él, sin duda asumiría que se trata de su conciencia fusionándose de nuevo con Brahma, el origen de donde vino en primer lugar.

Además de ser un lugar religioso, Angkor Wat era también una especie de puesto de avanzada científica, especialmente en lo que respecta a la astronomía. Estos descubrimientos solo han salido a la luz recientemente, pero resulta que Angkor Wat se construyó con un asombroso sentido de la precisión, ya que parece que el enorme complejo se convirtió en una plataforma para observar los cielos. Tanto los místicos hindúes como los antiguos astrónomos debieron pasar muchas horas en tranquila contemplación mientras escudriñaban el cielo.

La construcción original del complejo está rodeada de misterio. Ya en el siglo XIII, un diplomático chino que estaba de visita fue obsequiado con la historia de que el complejo no fue construido por manos humanas, sino por una entidad divina que lo erigió en una "sola noche". Sin embargo, incluso los escépticos de los supuestos orígenes divinos de Angkor Wat tienen que admitir que fue una increíble hazaña de ingeniería.

Un fraile portugués llamado António da Madalena visitó el complejo en 1586 y quedó maravillado por lo que presenció. António describió Angkor Wat como una «construcción extraordinaria». Incluso insistió en que su visión era tan increíble que era incapaz de «describirla con una pluma». Sin embargo, se esforzó al máximo, informando a sus superiores en Portugal de que Angkor Wat «no se parece a ningún otro edificio del mundo. Tiene torres y decoración y todos los refinamientos que el genio humano puede concebir». A continuación, afirmó: «Hay muchas torres más pequeñas de estilo similar, en la misma piedra, que están doradas. El templo está rodeado por un foso y se accede a él por un único puente, protegido por dos tigres de piedra tan grandes y temibles que infunden terror al visitante».

Solo dos décadas después de la muerte del rey Suryavarman II, la capital de Angkor fue invadida por el pueblo cham del sur de Vietnam. El propio Angkor Wat fue finalmente saqueado por estos invasores en 1177. A pesar de los "grandiosos y temibles" rostros de los centinelas de piedra de los que António informó posteriormente, estos intrusos no perdieron aparentemente el tiempo en hacerse con el control del complejo de templos.

Los pueblos jemer y cham han tenido una larga historia de guerras entre sí. En el año 1177, las fuerzas cham, de las que se dice que fueron guiadas por un diplomático chino que había visitado previamente la ciudad, zarparon por el poderoso Mekong, dirigiéndose al gran Tonle Sap, donde procedieron a asaltar la propia Angkor. Por muy dramática que fuera esta ofensiva, resultó ser una victoria muy efímera. Después de que las fuerzas del Imperio jemer se reunieran, los invasores fueron enviados de vuelta al reino de Champa de donde habían venido.

Este flagrante asalto resultó ser un gran golpe político para los gobernantes del Imperio jemer, ya que les dio motivos más que suficientes para lanzar una sangrienta cruzada contra los cham. El resultado fue que la propia Champa se convirtió en un satélite servil del Imperio jemer. Pero aun así, el hecho de que la capital de este gran reino hubiera sido golpeada llevó a muchos de la élite jemer a preguntarse cómo pudo ocurrir tal cosa en primer lugar. En medio de este cuestionamiento, un nuevo rey —Jayavarman VII— llegó al poder y decidió cambiar la religión del estado del hinduismo al budismo.

Se dice que Jayavarman VII fue un gobernante bastante compasivo con sus súbditos. De hecho, fue famoso por establecer los llamados "templos hospitalarios" en los que el ciudadano medio podía recibir atención a sus dolencias. Como testimonio de este altruismo y de la preocupación por el bienestar general del público, existe una inscripción del siglo XII sobre el rey en uno de estos hospitales, que dice: «Sufrió las enfermedades de sus súbditos más que las suyas propias; porque el dolor del público es el dolor de los reyes más que su propio dolor».

A la luz de la invasión Cham, a la que siguió una feroz guerra con los Cham y luego la adopción del budismo, el Imperio jemer estaba experimentando algunos cambios bastante significativos. En realidad, el hinduismo y el budismo habían coexistido en cierta medida durante cientos de años. Pero fue Jayavarman VII, que se convirtió en el primer rey del Imperio jemer, quien estableció el budismo como la religión oficial y preferida del Estado. Este cambio religioso tuvo un alcance similar al que se produjo cuando el emperador Constantino del Imperio romano toleró y luego hizo del cristianismo la religión oficial del reino en el siglo IV.

Así, de forma similar, en el siglo XII, Jayavarman VII sentó las bases para esta gran transición de la antigua religión del hinduismo a la recién aceptada del budismo. Aunque no hay forma de saberlo con certeza, se cree que la invasión Cham y la posterior profanación de la ciudad templo hindú pueden haber tenido algo que ver. Podría ser que este impactante incidente hiciera perder la creencia de que los reyes jemeres eran una manifestación de la invencible deidad hindú. En cambio, muchos empezaron a recurrir a lo que parecía ser el budismo más pragmático, que daba sentido al dolor y el sufrimiento recientes del reino. Al fin y al cabo, el principal impulso del budismo es su búsqueda del alivio del sufrimiento.

Esta inclinación más compasiva llevó al rey Jayavarman VII no solo a asegurar las fronteras del imperio, sino también a mejorar considerablemente las condiciones de vida dentro de ellas. Después de todo, fue bajo Jayavarman VII cuando se realizaron algunos de los mayores proyectos de infraestructura del Imperio jemer. Esto incluía nuevas carreteras, presas, embalses y, por supuesto, los innumerables hospitales de los templos dedicados a la curación y el bienestar general de la población. Estos hospitales estaban muy adelantados a su tiempo y ofrecían oraciones espirituales y hierbas medicinales para los enfermos. En cualquier caso, esta gran etapa de civilización en

Camboya llegaría a su fin en la primera mitad del siglo XIV. Para entonces, el Imperio jemer estaba sufriendo un gran declive, mientras que otras fuerzas de la región estaban preparadas para expandirse.

Capítulo 3 - El surgimiento del reino de Vietnam

«A lo largo del siglo XX, el Partido Republicano se benefició de una política exterior no intervencionista. Piense en cómo Eisenhower entró para detener la guerra de Corea. Piensa en cómo Nixon fue elegido para detener el desastre de Vietnam».

-Ron Paul

Es difícil rebatir la idea de que cuando la gente oye hablar hoy de la nación de Vietnam, lo primero que piensa es en el atolladero que fue la guerra de Vietnam, un conflicto que enfrentó a las fuerzas comunistas vietnamitas con las tropas estadounidenses. Pero Vietnam, por supuesto, tiene una rica historia que echó raíces mucho antes de que el marxismo estuviera de moda. De hecho, se dice que la civilización vietnamita floreció por primera vez aproximadamente en el año 2500 antes de Cristo.

Estos primeros asentamientos vietnamitas, como muchos de sus vecinos, dependían en gran medida del cultivo de los campos de arroz. A medida que los asentamientos se hacían más prósperos y la población aumentaba, los terratenientes locales se alzaron para consolidar su poder. Esto dio lugar a una especie de confederación feudal que se mantuvo hasta que la civilización china, mucho más cohesionada, decidió invadirla durante el siglo II a. C.

Aunque el sur de Vietnam permaneció en gran medida fuera del alcance de China, los chinos serían los amos del norte de Vietnam durante más de 1.000 años. Sin embargo, el control de China sobre el norte de Vietnam era tenue, y las rebeliones periódicas protagonizadas por insurgencias vietnamitas durante este periodo eran bastante comunes. Los vietnamitas se convirtieron en expertos en la guerra de guerrillas en su lucha contra los chinos, una habilidad que se pondría de manifiesto una vez más en su lucha por la autodeterminación en el siglo XX.

Sin embargo, en lo que respecta a la lucha de los vietnamitas contra China, las cosas llegaron a su punto álgido en el año 939 d. C., cuando las fuerzas vietnamitas consiguieron derrocar el dominio chino de una vez por todas. Uno de los generales vietnamitas victoriosos, Ngo Quyen, se convertiría en el primer gobernante vietnamita del reino independiente de Vietnam, que comprendía los actuales Vietnam del Norte y Central.

El rey Ngo Quyen reinó solo cinco años antes de perecer, y su muerte sumió al reino de Vietnam en una terrible guerra interna de sucesión conocida como el "levantamiento de los Doce Señores de la Guerra". Se llamó así porque, en el vacío de un liderazgo claro, se desató una guerra entre doce poderosos señores de la guerra que controlaban doce regiones diferentes de Vietnam. El poderoso general vietnamita Dinh Bo Linh acabó por hacerse con el control de los doce señores de la guerra en el año 968 de la era cristiana, sometiendo a todo Vietnam a su autoridad.

Sin embargo, se debe tener en cuenta que, incluso con un intento de control centralizado, Vietnam del Norte siempre fue notablemente diferente de Vietnam del Sur. Desde el comienzo de la ocupación china, Vietnam del Norte había adquirido un carácter cultural y administrativo más chino que Vietnam del Sur. Vietnam del Sur se había convertido en la tierra salvaje e indómita del pueblo cham, mientras que los norvietnamitas tenían mucho más en común con los chinos han.

En cualquier caso, cuando Dinh Bo Linh se hizo con el control, marcó el inicio de la dinastía Dinh de Vietnam. La dinastía establecida por el general Dinh se encontraría con un bache en el camino en el año 979, cuando el emperador, Dinh Bo Linh, que al ser coronado recibió el nombre de Dinh Tien Hoang, y el príncipe heredero, Dinh Lien, fueron asesinados. Esto dejó como heredero al hijo de seis años del emperador Hoang, Dinh Toan (que recibiría el título de Dinh Phe De). Como es obvio que un niño de seis años no iba a poder gobernar por sí mismo, esto significaba que los funcionarios de la corte tenían que gobernar a través del niño.

Fue durante este periodo de inestabilidad cuando la dinastía Song de China decidió lanzar un nuevo intento de recuperar Vietnam como estado subordinado. Las fuerzas chinas se abalanzaron sobre Vietnam del Norte en 979. Al inicio de esta crisis, el gran general vietnamita Le Hoan asumió el liderazgo de la nación. Le Hoan demostró ser un líder ingenioso y, aunque las probabilidades estaban en contra de su reino, encontró la manera de contrarrestar a las más poderosas fuerzas chinas mediante el uso de sus brillantes tácticas.

Dado que el pequeño ejército vietnamita nunca podría enfrentarse al más numeroso ejército chino, Le Hoan desarrolló un plan en el que atrajo a las tropas chinas para que cruzaran los estrechos confines del paso de Chi Lang. Esto resultó fatal para el ejército chino, ya que permitió a los vietnamitas eliminar sistemáticamente a los soldados chinos mientras estaban encerrados en las paredes de roca del paso de montaña. Esta terrible derrota hizo que los chinos se retiraran y reafirmó la fuerza del norte de Vietnam.

Mientras tanto, los vietnamitas del norte comenzaron a expandir su territorio hacia el sur de Vietnam, invadiendo el territorio del reino de Champa. Le Hoan, que había tomado el título de "emperador Le Dai Hanh", murió en 1005 d. C., y le sucedió su hijo, Le Trung Tong, que gobernó durante unos impresionantes tres días antes de morir. Su hermano, Le Long Dinh, también conocido como Le Ngoa Trieu, demostró ser un cruel dictador, pero su terrible reinado no duró mucho, aunque sí fue más largo que el de su hermano: falleció pocos años después, en 1009.

Tras la muerte de este tirano, la corte vietnamita tomó lo que probablemente fue una sabia decisión al obviar cualquier reclamación hereditaria al trono y entregar el poder a un humilde pero capaz general militar llamado Ly Cong Uan, que iniciaría la poderosa dinastía Ly. Una de las primeras medidas importantes de Ly Cong Uan, cuyo nombre regio era Ly Thai To, fue establecer una nueva capital para su reino en lo que hoy llamamos Hanói.

La dinastía Ly es conocida por su compleja burocracia, muy similar a la de China, en la que los funcionarios del gobierno podían formarse y oficiar mediante la realización de exámenes patrocinados por el gobierno. El reino de Vietnam también desarrolló un moderno sistema de impuestos, que se utilizaba para mantener el funcionamiento del aparato gubernamental. En cuanto a la religión del reino, tanto el budismo como una variante del taoísmo reinaban de forma suprema.

Pero a pesar de todos estos avances, la dinastía Song de China no estaba dispuesta a dejar marchar al reino de Vietnam. En 1075, lanzó otro asalto a Vietnam del Norte. Los vietnamitas estaban preparados y, sabiendo que se iba a producir una invasión, atacaron primero a los chinos, lanzando ataques devastadores contra las movilizaciones militares chinas en las regiones de Guangxi y Guangdong.

La propia dinastía Song sería entonces objeto de una invasión por parte de los poderosos Jurchen Jin, que derrotaron a los militares Song en el norte de China en 1126. Los Jurchen Jin eran originarios de Manchuria, al noreste de China. Fundaron un imperio que incluía el norte de China, Mongolia y gran parte de Corea.

Este importante acontecimiento llevó al gobierno de la dinastía Song a trasladarse al sur de China, donde se estableció un nuevo gobierno en Hangzhou. La dinastía Song no volvería a intentar un gran ataque militar contra el norte del país, y sería completamente extinguida por una horda mongola invasora dirigida por el sucesor de Gengis Kan: el famoso Kublai Kan. La campaña mongola comenzó en 1260, y terminó en 1276 con la toma de Hangzhou, seguida de la ciudad de Cantón, donde se refugiaban los últimos reductos del gobierno Song del sur de China.

Con los mongoles en control de China, no pasó mucho tiempo antes de que dirigieran su atención a las fronteras del sureste de China y comenzaran a conspirar para apoderarse también de Vietnam. Pronto, los mongoles dirigieron sus fuerzas, junto con las tropas chinas y el poderío naval, para emprender un asalto al norte de Vietnam. Los vietnamitas, que a estas alturas ya estaban bien versados en la guerra defensiva, fueron capaces de repeler a los invasores, y las fuerzas mongolas fracasaron en su empeño. Enfrentados a fuerzas numéricamente superiores, los vietnamitas repitieron la misma táctica que habían utilizado contra la dinastía Song, en la que mantenían a raya al enemigo sin dejarse llevar por compromisos abiertos, pues sabían que sus fuerzas más pequeñas habrían sido aplastadas.

Vietnam del Norte también se alineó temporalmente con el reino Champa de Vietnam del Sur, presentando un frente unido a los agresores. Los mongoles, por su parte, que se habían quedado sin fuerzas, pronto tuvieron que retirarse a tierras más altas. Una vez eliminada la amenaza mongola, Vietnam del Norte y Vietnam del Sur empezaron a luchar entre sí, ya que el reino de Vietnam empezó a expandirse de nuevo hacia el territorio champa en el sur.

El resultado de estos esfuerzos fue la reducción del reino Champa a un estado vasallo del reino de Vietnam en 1312. Sin embargo, al cabo de una década, el reino de Champa logró liberarse, lo que dio lugar a una guerra que duraría tres décadas. De este conflicto se sacó muy poco provecho, y el reino de Vietnam quedó tan debilitado que invitó a una nueva invasión de China en 1407.

Para entonces, China se había sacudido a sus señores mongoles. Así, la dinastía Ming trató de convertir al reino de Vietnam en un estado cliente una vez más. Los vietnamitas habían conocido la independencia durante demasiado tiempo como para aceptar este intento de subyugación. En la década de 1420, los vietnamitas se rebelaron masivamente contra la autoridad china. Las fuerzas Ming fueron finalmente derrotadas en 1426, poniendo así fin al último intento de China de ejercer directamente el control sobre Vietnam.

La breve ocupación Ming fue en muchos sentidos más beneficiosa que perjudicial para Vietnam del Norte. Al fin y al cabo, fueron los Ming quienes introdujeron las armas de asedio, como los cañones y la pólvora, y otras innovaciones tecnológicas, como la imprenta y el papel, a los norvietnamitas.

En 1471, un Vietnam del Norte resurgido pudo marchar sobre Champa y se apoderó de la mayor parte del antiguo territorio champa, incorporándolo al gran Vietnam. La destrucción del reino de Champa desencadenó una diáspora del pueblo Cham, que se trasladó a otras regiones vecinas del Sudeste Asiático. En 1479, el reino de Vietnam también se había extendido a Laos, lo que dio lugar a lo que se ha llamado la guerra vietnamita-laosiana. La guerra terminó en 1484 en lo que fue esencialmente un empate entre las dos potencias regionales, ya que ninguna de las partes ganó mucho por sus esfuerzos.

Durante las siguientes décadas, el reino de Vietnam comenzó a deteriorarse de forma constante debido a una amplia gama de factores. Estos factores incluían la agitación política, las dificultades económicas y el cambio climático que tenía un efecto adverso en la producción agrícola. Con todos estos problemas, la expansión vietnamita parecía haber llegado a su fin. Fue justo en esta época en la que Vietnam empezó a retroceder cuando el mundo exterior llamó a la puerta.

Capítulo 4 -Tailandia y sus primeros reinos

«Cuando era primera dama, trabajé para llamar la atención sobre la difícil situación de los refugiados que huían de Camboya hacia Tailandia. Visité Tailandia y fui testigo directo del trauma de padres e hijos separados por circunstancias ajenas a su voluntad».

-Ex Primera Dama Rosalynn Carter

La historia de Tailandia se mezcla con sus vecinos del sur de China, Birmania, Malasia, Camboya y Vietnam, que desempeñaron un papel importante en la formación de Tailandia. El propio nombre de "Tailandia" deriva del "pueblo Tai". En la antigüedad, los tais se referían a su reino simplemente como "Meuang Thai", que, traducido a grandes rasgos, significa "Tierra de los tais".

Se cree que el grupo étnico y lingüístico Tai se originó en el sur de China. Alrededor del año 700 de la era cristiana, una parte importante de los tais llegó a vivir en lo que hoy constituye la ciudad moderna de Dien Bien Phu, en el norte de Vietnam. Estos tais se desplazarían gradualmente hacia el suroeste, siguiendo las vías fluviales locales que los llevarían a adentrarse en el territorio de lo que hoy es Tailandia. Pero el hecho de que los tais hicieran de la región su hogar no significa que fueran los primeros en reclamar la tierra.

Según una parte del folclore tradicional tai, la leyenda de Simhanavati, la región fue habitada primero por el pueblo wa antes de que el poderoso rey Simhanavati de los tais dirigiera un brutal asalto contra ellos y los obligara a huir. Esto condujo a la fundación del asentamiento Tai de Chiang Saen en el año 800 de la era cristiana. Poco después, los tais de la región entablaron relaciones con sus vecinos "indianizados" y comenzaron a practicar el budismo. También desarrollaron una forma de escritura sánscrita.

Todo fue relativamente pacífico durante las siguientes décadas, pero en el año 900 d. C. estalló la guerra entre los tais de Chiang Saen y los vecinos mon de Birmania. La guerra acabó siendo bastante devastadora para los tais, ya que su capital fue invadida y saqueada por los mon. No fue hasta el año 937 cuando los tais lograron reunir sus fuerzas y expulsar a los mon de la región. Sin embargo, los tais recibirían otro golpe en el año 1000 d. C., cuando un gran terremoto sacudió Chiang Saen.

Este terremoto fue devastador, ya que arrasó la ciudad y dejó muchos muertos. La situación era tan grave que los habitantes decretaron lo que hoy llamaríamos estado de emergencia, ya que instituyeron un consejo especial solo para mantener el orden. La suerte mejoró lo suficiente hacia el año 1100, y los tais comenzaron a expandir su reino hacia el sur. A medida que los tais se expandían hacia el sur, entraban en contacto con el pueblo jemer de Camboya y empezaban a estar muy influenciados por la cultura jemer.

A principios del siglo XII, Tailandia alcanzaría lo que se consideraría su "edad de oro". Cuando el Imperio jemer empezó a decaer, surgió el primer gran reino tailandés. Fue aproximadamente en 1240 d. C. cuando Pho Khun Bang Klang se convirtió en el primer gobernante de lo que se conocería como el reino de Sukhothai. El reino se denominó así porque estaba basado en el asentamiento tailandés de Sukhothai, en el centro de Tailandia. Este reino tailandés en particular era conocido por su riqueza en recursos, ya que se decía que tenía abundancia de pescado fresco y arrozales.

Durante este periodo, los tailandeses mantenían relaciones pacíficas con sus vecinos, tanto en el exterior como en el interior. De hecho, para asegurar esta sensación de paz y tranquilidad, se dice que si había algún problema, todo lo que tenía que hacer un residente era tocar una campana que estaba instalada justo fuera del palacio del rey, y este llegaría al lugar para resolver la disputa. Si estos relatos son exactos, seguramente se utilizaba como último recurso de un súbdito ante un disturbio importante. Hay que imaginar que el rey se frustraría rápidamente si su pueblo le molestara por cada pequeña disputa que pudiera surgir.

En cualquier caso, el rey era visto por los tailandeses como una especie de figura paternal que velaba por sus intereses. Uno de los reyes más memorables de este periodo fue el potentado tailandés Ram Khamhaeng, que estuvo al frente del reino desde 1279 hasta 1298. Se han encontrado pruebas arqueológicas de su reinado en la llamada "Estela de Ram Khamhaeng", que es una especie de "tablilla inscrita" que conmemora el gobierno del rey. En consonancia con la naturaleza paternalista del reinado, la estela describe a Ram Khamhaeng como un rey paternal que se preocupaba mucho por su pueblo. No cabe duda de que Ram Khamhaeng fue un gran y poderoso rey, con una influencia duradera. De hecho, se dice que pudo ser él quien estableció el alfabeto tailandés. Después de todo, fue en su estela donde se vio por primera vez esta escritura.

Otro importante líder tailandés fue Maha Thammaracha I, que llegó al poder hacia el año 1347. Maha Thammaracha estableció el budismo Theravada como religión principal del reino. El budismo theravada es esencialmente un budismo ortodoxo, lo que significa que fue la primera escuela principal de pensamiento budista que surgió. El budismo comenzó en la India, pero posteriormente se extendió por toda Asia. A medida que las enseñanzas de Buda se extendieron, surgieron diferentes ramas. Por ejemplo, cuando llegó por completo a

Japón, los japoneses habían desarrollado una variante llamada budismo zen. Los creyentes en el budismo theravada son originalistas, por lo que rechazan estas variaciones posteriores. Aunque la religión se originó en la India, que también es la tierra del hinduismo, el budismo rechaza gran parte de las creencias hindúes. El budismo nunca llegó a asentarse en su lugar de nacimiento, pero se extendió a los vecinos de la India en el este y el sureste de Asia.

El budismo es una religión única en el sentido de que es una práctica religiosa que no se centra en una deidad. Los budistas no creen en un dios, simplemente reconocen que existe una fuerza cósmica que recorre la naturaleza. Como tal, el budismo no se centra en complacer a un dios, sino en encontrar una manera de vivir una vida virtuosa e iluminada a través de conceptos filosóficos, como el "Camino Medio", "Las Cuatro Nobles Verdades" y "El Noble Sendero Óctuple". Al alcanzar la iluminación, un budista cree que puede romper el ciclo de renacimiento y sufrimiento y alcanzar un estado de Nirvana. Se dice que el propio Buda fue alguien que "despertó" a esta verdad última. Después de hacerlo, trató de otorgar esta comprensión al resto de la humanidad a través de sus enseñanzas. El Buda básicamente enseñó que todos estamos atrapados en nuestras propias narrativas falsas de sufrimiento, pero que podemos aprender a liberarnos de ellas. Los budistas theravada creen, además, que cada cierto tiempo surge un iluminado como Buda para ayudar al resto de nosotros a despertar del círculo vicioso en el que estamos atrapados.

En cualquier caso, fue en la época de Maha Thammaracha cuando surgió el reino tailandés de Ayutthaya. Este reino dinástico fue el que más duró, manteniéndose hasta 1767. Durante este periodo, el reino de Tailandia se convirtió en una potencia económica, aprovechando su posición entre varios estados poderosos para convertirse en un importante socio comercial de la región. Pero a medida que el poder del reino crecía, los derechos de sus ciudadanos disminuían. Mientras que en el pasado cualquier súbdito podía tocar una campana y exponer su queja al rey como iguales, durante el reino de Ayutthaya había una clara distinción de clases. Los reyes eran todos poderosos y se percibía que tenían esencialmente un mandato del cielo para hacer lo que quisieran, lo que, por cierto, no es definitivamente algo fomentado por la creencia budista. No obstante, en el siglo XV, el reino de Ayutthaya era lo suficientemente poderoso como para enfrentarse al Imperio jemer, y se dice que venció a sus vecinos jemeres en batalla en tres ocasiones distintas.

Durante el siglo XVI, otro reino tailandés llamado Lanna existía en el norte. Estos dos reinos se enfrentaron de forma intermitente hasta que el reino de Lanna cayó en manos del vecino reino de Birmania en 1558. Mientras tanto, el reino de Ayutthaya entró en contacto con visitantes de fuera del Sudeste Asiático por completo cuando los portugueses llegaron a la región en 1511. Poco después de los contactos con los portugueses, los franceses comenzaron a interesarse también por la región. Durante un tiempo, el sentimiento pareció ser mutuo. El rey Narai de Ayutthaya, en particular, que reinó de 1656 a 1688, desarrolló estrechos vínculos con el rey Luis XIV de Francia. A medida que la relación crecía, el rey de Ayutthaya permitió la entrada de misioneros franceses en su reino e incluso instaló soldados franceses para la defensa nacional del reino.

Sin embargo, esta influencia extranjera provocó mucha disensión y malestar en la corte del rey. Este descontento seguiría creciendo hasta estallar en lo que se conocería como la revolución siamesa de 1688. Fue en este año cuando estalló una revuelta popular contra el rey, que condujo a su derrocamiento. La revuelta fue liderada por un general tailandés llamado Phetracha, que depuso al rey, tomó el trono para sí mismo y expulsó a los franceses. El momento más dramático de esta revolución fue durante el llamado Sitio de Bangkok. Bangkok se había convertido en una próspera ciudad portuaria y los franceses tenían a unos 200 de sus tropas encerradas en una fortaleza. Se dice que unos 40.000 soldados tailandeses asaltaron esta fortaleza, pero los franceses pudieron contenerlos el tiempo suficiente para negociar un acuerdo que les permitiera evacuar la ciudad. Esta medida aislaría a Tailandia del mundo occidental hasta que los intereses occidentales volvieran a invadir la tierra de los tailandeses en el siglo XIX.

Capítulo 5: La intriga política de la antigua Indonesia

«Piense en Indonesia y en turismo, y lo primero que le vendrá a la mente será probablemente Bali. Piense en vacaciones de golf y la mayoría de la gente soñará con Escocia o Irlanda. Pero Indonesia alberga uno de los secretos mejor guardados del mundo de los viajes: es el paraíso de los golfistas».

-Raymond Bonner

Indonesia es una próspera nación del Sudeste Asiático llena de una rica y vibrante historia. Al igual que muchas regiones del Sudeste Asiático, Indonesia debe gran parte de su antigua herencia al subcontinente indio. El propio nombre, de hecho, procede del apelativo griego de *Indos Nesos*, que significa literalmente "Indonesia". La religión y la cultura indias ya estaban presentes en Indonesia en el año 200 a. C.

En esta época se escribió la epopeya india *Ramayana*. Y en este antiguo texto sánscrito se menciona un gran reino llamado "Yawadvipa" situado en la isla indonesia de Java. No se puede extraer mucho de esta narración, pero sin duda indica que Java era, como mínimo, conocida. En la actualidad, Java es la isla más poblada del planeta y en ella se encuentra la bulliciosa metrópolis indonesia de Yakarta.

Sin embargo, en el año 200 a. C., no está del todo claro cómo era el antiguo reino indonesio de Java, pero al menos era lo suficientemente notable como para que los escribas indios lo mencionaran en una de sus narraciones épicas. La antigua Indonesia también mantenía estrechos vínculos políticos y mercantiles con la India y China. Dado que las islas estaban situadas entre estas dos potencias asiáticas, Indonesia habría sido una valiosa estación de pesaje. Algunos intercambios comerciales, como la amplia exportación de clavo de olor de Indonesia, viajaron a lo largo y ancho, y esta preciosa especia indonesia apareció en lugares tan lejanos como la antigua Roma.

El historiador romano Plinio el Viejo menciona que las embarcaciones indonesias llegaban a los puertos de África oriental, donde sin duda se dirigían al norte, a Egipto, y luego al otro lado del Mediterráneo, a la propia Roma. La presencia de los indonesios en la región era tal que se cree que incluso pudieron tener un asentamiento en la isla de Madagascar. Los indonesios eran, en efecto, un gran pueblo marinero durante esta época, y existen fuentes independientes que lo corroboran.

Por ejemplo, según el autor moderno e investigador del Sudeste Asiático Colin Brown, existen registros chinos de alrededor del año 300 de la era cristiana que hablan de que los indonesios tenían grandes barcos comerciales de hasta 50 metros de largo, que habrían estado cargados con todo tipo de bienes y mercancías preciosas. Solo cuando el Imperio romano entró en decadencia en el siglo IV, los indonesios empezaron a volver a comerciar principalmente con el este y el sureste de Asia.

Después de este cambio fundamental, Indonesia comenzó a transformarse de un puesto comercial y de pesaje en una entidad política dinámica por derecho propio. El primer reino conocido se centró en la isla de Java y se llamó Tarumanegara. Este reino estaba gobernado por un rey llamado Purnawarman, cuyo reinado fue verificado a través de piedras inscritas que datan del año 450 de la era cristiana. No se sabe mucho sobre los reyes que siguieron a Purnawarman, pero en el año 535 d. C. parece que surgió otro poderoso gobernante llamado Suryawarman (que no debe confundirse con Suryavarman I, el rey camboyano). Suryawarman estableció una nueva capital y creó el reino de Sunda Sambawa.

En este punto, los registros se vuelven un poco confusos, y lo siguiente que conocemos del gobierno indonesio es el reino de Ho-Ling, del que nos llega de fuentes chinas que se remontan al año 640. Como ya se habrá adivinado, "Ho-Ling" es un nombre chino, y lo más probable es que no sea el nombre que los habitantes reales daban a su reino. Algunos creen que el nombre es en realidad un intento chino de pronunciar la palabra indonesia "Kalingga". En cualquier caso, los chinos llamaron al lugar Ho-ling, y ese es el nombre que se mantuvo para esta época de la historia de Indonesia. Según los chinos, el gobernante de Ho-Ling entró en contacto con los chinos para comerciar, lo que significa que Ho-Ling sustituyó a Tarumanegara como principal reino embajador de Indonesia.

Además de estar inmerso en el negocio mercantil de los bienes de comercio, Ho-Ling también fue bastante bendecido en lo que respecta al desarrollo de granjas productivas. Durante este periodo, la producción de arroz era bastante abundante, y el pueblo no solo cultivaba lo suficiente para mantener a los lugareños bien alimentados, sino que también tenía muchos productos sobrantes para vender a otras naciones.

El contacto entre China e Indonesia durante esta época fue bastante intenso. En la década de 670, los chinos incluso enviaban misioneros budistas a la región. Así ocurrió en diciembre de 671, cuando un monje chino llamado Yijing salió de Yanjing (la actual Pekín) y se dirigió a la isla indonesia de Sumatra, a una ciudad que Yijing llamó Sanfoqi. El lugar era en realidad la ciudad de Srivijaya. Esta bulliciosa ciudad portuaria pronto se convertiría en la capital de un poderoso estado mercantil con sede en la isla indonesia de Sumatra. Al llegar a tierra, Yijing se dirigió al cuartel general del rajá local. Entonces se organizó un encuentro con el rey, que se dice que acogió con benevolencia al monje chino y le ayudó a facilitar sus actividades budistas durante su estancia en la región.

Yijing, por mucho que estuviera dispuesto a difundir el evangelio del budismo, se sorprendió gratamente de que la religión ya hubiera echado raíces en la isla. Yijing recogería más tarde en su diario: «En la ciudad fortificada de Fo-Qi [Srivijaya], los sacerdotes budistas son más de mil, cuyas mentes están inclinadas al aprendizaje y a las buenas prácticas. Investigan y estudian todos los temas que existen igual que en [la India]; las reglas y las ceremonias no son en absoluto diferentes. Si un sacerdote chino desea ir a Occidente para escuchar y leer, es mejor que se quede aquí uno o dos años y practique las reglas adecuadas y luego vaya a la India central». El budismo, por supuesto, se originó en la India, y cuando Yijing habla de ir a "Occidente", se refiere a ir al oeste de China a Indonesia y luego, en última instancia, a la propia India, lo que el propio Yijing hizo en diciembre de 672.

Una vez más, Indonesia era considerada una estación de pesaje, pero esta vez por la religión. El reino de Ho-Ling era predominantemente budista, pero, como ocurría y sigue ocurriendo con la mayoría de las facciones religiosas de Indonesia, esta corriente predominante se basaba en una antigua religión ancestral que influía mucho en las variaciones de las prácticas religiosas de la región.

Mientras tanto, Srivijaya se convirtió en la sede de una poderosa confederación de ciudades portuarias muy implicadas en la economía comercial. A principios del siglo XVII, esta confederación era esencialmente un mini imperio con Srivijaya como sede del poder. Durante esta época, los registros chinos reconocen oficialmente a la región como un estado vasallo, registrando el paso de tributos regulares del líder de Srivijaya al emperador de China. Pero a mediados del siglo VIII, el reino de Srivijayan comenzó a ser eclipsado por otro reino indonesio, cuyo nombre ha llegado hasta nosotros como Mataram.

El estamento de Mataram construiría algunos de los primeros monasterios de las islas de Indonesia, siendo algunos de los más grandes los situados justo al norte de la metrópoli indonesia de Yogyakarta. De hecho, fue cerca de Yogyakarta donde se construyó el templo budista más grande de todos, Borobudur. Se dice que esta colosal estructura costó bastante dinero por el pago a las numerosas manos que ayudaron a construirla. Y como este edificio religioso no tenía un rendimiento monetario real, solo espiritual, se suele considerar como una señal de que Mataram debía de tener una buena posición económica para financiar semejante proyecto en primer lugar.

Mataram retomó su actividad allí donde la había dejado Ho-Ling, controlando el comercio de la región con grandes actores como China. Mataram también tuvo bastante éxito en el cultivo de una abundante cantidad de arroz, asegurando así una prosperidad duradera para el reino. El reino de Srivijayan empezó a perder el favor de China, y una vez que los chinos empezaron a enviar a sus propios mercaderes al extranjero, ya no les servían tanto los Srivijayans como socios comerciales. Para empeorar las cosas, en 1025, un grupo de piratas del sur de la India llamado Cholas invadió y saqueó la capital. Tras este asalto, Srivijaya nunca recuperó su antiguo prestigio como centro comercial en Indonesia. En cualquier caso, justo cuando Srivijaya estaba en declive, Mataram empezó a despegar, y alcanzaría nuevas cotas de éxito bajo el liderazgo de un hombre llamado Airlangga.

Desde su capital, Surabaya, Airlangga tenía el monopolio del comercio de especias finas y de la producción de arroz. En 1045, antes de abdicar del trono, Airlangga dividió su reino entre sus dos hijos, convirtiendo el oeste de Mataram en un estado llamado Kediri y el este de Mataram en un lugar llamado Janggala. Kediri tenía los mejores puertos y, por tanto, resultó ser la provincia más capaz.

Hacia el año 1100, los siguientes gobernantes de Kediri lograron apoderarse y reincorporar a Janggala, creando un único y poderoso reino. Además, también hicieron que las regiones de Kalimantan y Bali cayeran bajo su dominio. Sin embargo, después de unos 100 años, este reino ampliado de Kediri sería invadido en 1222 cuando Ken Angrok, de la cercana Tumapel, en Java Oriental, se apoderó del territorio para sí mismo. Ken Angrok forjó otra capital, Singhasari, que estaba situada cerca de la cuenca del río Kali Welang, en las proximidades de la actual ciudad indonesia de Malang.

El último líder de este posterior imperio javanés fue un hombre llamado Kertanegara, que gobernó de 1268 a 1292. Durante su reinado, el señor de la guerra mongol Kublai Khan empezó a presionar a Indonesia para que pagara tributo al Imperio mongol. Kertanegara se negó a pagar el tributo y despidió a los representantes del khagan. Esto, por supuesto, no le sentó nada bien a Kublai Khan, y en 1292 hizo saber su descontento mediante una invasión militar masiva en la que se enviaron casi mil barcos y unos 20.000 soldados para sitiar Java.

Sin embargo, si Kublai Khan quería vengarse del insolente Kertanegara, llegó demasiado tarde. Cuando llegó este enorme ejército, Kertanegara ya estaba muerto. Había sido víctima de una intriga política local y fue asesinado por un príncipe local llamado Jayakatwang, que se autoproclamó rey. Cuando llegaron los mongoles, se enteraron de los acontecimientos y se les convenció de que se pusieran del lado del yerno de Kertanegara, Raden Vijaya, que luchaba por hacerse con el trono.

Raden demostró ser un político bastante astuto, y pronto sacaría lo mejor de la horda mongola. Al principio, consiguió un golpe diplomático con los posibles invasores, ya que logró que aceptaran luchar contra su enemigo, Jayakatwang, el responsable del asesinato de Kertanegara. Pero tan pronto como los mongoles cumplieron sus órdenes y eliminaron a Jayakatwang, Raden volvió sus propias fuerzas contra los mongoles. No solo eso, sino que también logró desarrollar una exitosa campaña de guerra de guerrillas de base en la que todos sus súbditos se movilizaron para aniquilar a los mongoles.

Los desconcertados mongoles, por muy feroces que fueran, no estaban preparados para esta inesperada embestida. Con enemigos que les asaltaban por todas partes en una tierra desconocida e inhóspita, al final se vieron obligados a retirarse. Tras expulsar con éxito a los mongoles, Raden consolidó su poder y creó un palacio al sur de Surabaya, donde gobernó y reinó de forma suprema un imperio javanés reconstituido que se conocería como el reino Majapahit.

Raden Wijaya falleció en 1309, y sería sustituido por su propio hijo, Jayanagara. Sin embargo, Jayanagara no seguiría muy bien los pasos de su padre y, tras cultivar una escandalosa reputación, pereció sin heredero en 1328. Esto dio paso a un periodo de inestabilidad dinástica con facciones que se disputaban el poder hasta el año 1350. En ese año, un príncipe capaz llamado Hayam Wuruk, que resultó ser el bisnieto del asesinado Kertanegara, se abrió camino hacia el trono.

Bajo su mano firme, Majapahit ampliaría su alcance hasta incluir Bali, Kalimantan y Sumatra. Durante esta época, tanto China como Europa eran ávidos compradores de las especias que ofrecía Indonesia, y el comercio de especias hizo que el reino de Majapahit fuera bastante rico. Los chinos y los europeos utilizaban muchas de las especias indonesias tanto para condimentar alimentos como para fines medicinales.

Como solía ocurrir en esta época, fue China la que empezó a presionar a los indonesios para obtener ventajas y privilegios adicionales en el comercio. Y después de que los chinos consiguieran deshacerse de los mongoles y establecer la dinastía Ming en 1368, no pasó mucho tiempo antes de que China empezara a exigir tributos en forma de acuerdos comerciales favorables. A principios del siglo XIV, China enviaba regularmente expediciones para exigir tributos a los indonesios. En 1407, una delegación china dirigida por un famoso miembro de la corte Ming —Zheng He— llegó a las costas de Java. Zheng He descubrió que Majapahit era una tierra bulliciosa con multitud de nacionalidades involucradas en vibrantes redes comerciales. Sin embargo, era un poco demasiado duro para el gusto de Zheng He, y sus cronistas informarían más tarde, entre otras cosas, de que casi todo el mundo tenía un cuchillo y que todos estaban más que dispuestos a usarlo.

Esta parte del Sudeste Asiático seguiría más o menos en este mismo estado de lujo cosmopolita y bandolerismo violento durante los siguientes cien años, más o menos, hasta que las nuevas llegadas de lugares más lejanos cambiaran definitivamente el paisaje de Indonesia.

Capítulo 6 - Birmania y los británicos

«Esto es Birmania, y será muy diferente a cualquier tierra que conozcas».

-Rudyard Kipling

A principios del siglo XIX, Birmania y Gran Bretaña parecían destinadas a una colisión cataclísmica. En ese momento, Birmania estaba en medio de su última dinastía independiente, la de los llamados reyes Konbaung. Fue el poderoso rey Bodawpaya quien comenzó a dar una agresiva puñalada hacia el oeste, al tomar el control de la legendaria ciudad de Arakan en 1785, a lo que siguió la toma de Manipur en 1814 y la adquisición de Assam en 1817. Estas adquisiciones territoriales llevaron a los birmanos hasta la frontera de la entonces llamada India británica.

Por supuesto, esto condujo a inevitables conflictos y escaramuzas fronterizas. En 1819, el rey Bodawpaya falleció y le sucedió su nieto, Bagyidaw. El rey Bagyidaw demostró ser aún más audaz que su abuelo y comenzó a considerar la posibilidad de tomar para sí el territorio de Bengala, controlado por los británicos. Los británicos eran conscientes de la amenaza a la que se enfrentaban y, deseando debilitar a sus competidores, trataron de sembrar la semilla del caos.

Los británicos avivaron el fuego de la disidencia entre los residentes de las cercanas Manipur y Assam a principios de la década de 1820, con la esperanza de que los territorios se separaran de la dinastía Konbaung y proporcionaran una zona de amortiguación más adecuada. Sin embargo, las rebeliones fracasaron, por lo que los conflictos transfronterizos continuaron hasta que estalló la llamada primera guerra anglo-birmana en 1824.

En la primera etapa del conflicto, los británicos consiguieron pillar a los birmanos por sorpresa atacando directamente a la Baja Birmania desde una flota de barcos lanzada desde las cercanas islas Andamán. Los birmanos esperaban una invasión por tierra desde las tierras fronterizas que compartían con los británicos, pero estos rodearon las defensas birmanas e invadieron por agua. El 10 de mayo de 1824, los británicos desembarcaron y lograron apoderarse de la estratégica ciudad portuaria de Rangún sin mucha lucha. Esto dio a los británicos un punto de apoyo dentro del territorio birmano, y ahora dependía de los birmanos expulsar a los británicos de su tierra.

Desde su posición en Rangún, los británicos planeaban remontar el río Irrawaddy hasta la capital de Birmania. Pero poco después de su llegada a Rangún, se dieron cuenta de que sus planes de invasión serían difíciles, ya que había comenzado la húmeda y lluviosa estación de los monzones, lo que dificultaba enormemente el viaje río arriba. Por lo tanto, el avance británico, que inicialmente tenía mucho impulso a su favor, se estancó en Rangún. Los británicos acabaron teniendo que refugiarse durante varios meses mientras esperaban que terminara la larga y húmeda estación. Y a lo largo de la estación de los monzones, su fuerza, que inicialmente contaba con 11.000 efectivos, se había reducido a menos de mil soldados listos para el combate. Esto se debió en gran medida a las plagas de enfermedades que habían sacudido a los británicos, ya que no estaban bien adaptados a las enfermedades tropicales de la región.

Mientras tanto, las fuerzas birmanas, dirigidas por un general llamado Bandula, empezaron a dirigirse a Rangún con decenas de miles de soldados y su mejor artillería con la esperanza de expulsar a los británicos de Birmania para siempre. Aunque los moribundos y enfermizos británicos se quedaron en Rangún, demostraron ser un grupo intratable a la hora de defender el pequeño trozo de territorio que habían capturado. Esto puede verse en diciembre de 1824, cuando las fuerzas birmanas se lanzaron al asalto de Rangún, controlada por los británicos, y los birmanos fueron rechazados con facilidad. Curiosamente, este fue el mismo año en que los británicos firmaron el llamado Tratado Anglo-Holandés, que aisló parte del archipiélago malayo y afirmó el control británico sobre Singapur. Durante este periodo, Gran Bretaña estaba sin duda en alza en lo que respecta al dominio del Sudeste Asiático.

En cualquier caso, los británicos pudieron cortar fácilmente a sus asaltantes y causar un gran desorden. Ante el fuego implacable de los británicos, el general Bandula se vio obligado a suspender el ataque por temor a que todo su ejército se desmoronara. Esta victoria pareció reanimar los ánimos de los británicos, y esa primavera abandonaron por fin los confines protectores de Rangún y se aventuraron hacia la ciudad de Prome.

En las escaramuzas con los birmanos que siguieron, el general Bandula perdió la vida y su ejército se retiró. Esto permitió a los británicos avanzar hacia Prome sin apenas lucha. Estos acontecimientos causaron mucha angustia al rey birmano, ya que rápidamente se dio cuenta de que las cosas no iban nada bien para las fuerzas birmanas. Desesperado por ganar tiempo, el gobierno birmano se puso en contacto con los británicos y solicitó un armisticio en el otoño de 1825. Sin embargo, estos planes se desecharon cuando los británicos descubrieron un plan birmano para recuperar Prome, y abandonaron la mesa de negociaciones. La guerra continuaría durante gran parte del resto de 1825.

Ese mismo año, en la vecina Tailandia, entonces conocida como Siam, convenció a su gobierno siamés para que firmara un tratado con los británicos. Este tratado supuso el reconocimiento oficial por parte de Siam del territorio controlado por los británicos en Malasia. En los años anteriores, Siam había hecho algunas incursiones significativas en Malasia, conquistando el sultanato de Kedah en 1821. Esto puso a Siam muy cerca de los intereses británicos en la región. Después de ver la facilidad con la que los británicos vencían a los birmanos, el reino de Siam se convenció de que le convenía entablar relaciones diplomáticas con los británicos en lugar de arriesgarse a un conflicto armado. Esta medida acabaría siendo beneficiosa para Tailandia, ya que seguiría siendo la única nación del Sudeste Asiático que se mantendría independiente y nunca sería colonizada por una potencia europea.

Sin embargo, Birmania no tendría tanta suerte. La guerra siguió yendo mal para los birmanos y, con el tiempo, ambas partes (birmanos y británicos) volvieron a negociar. Esta vez, los británicos ofrecieron unas condiciones bastante duras para que los birmanos las aceptaran. Exigieron que se les entregaran los territorios de Arakan, Assam, Manipur y Tenasserim, así como que se les pagara una fuerte cantidad de rupias por sus problemas.

Como era de esperar, los birmanos se enfurecieron ante estas exigencias y se negaron inmediatamente a seguir negociando. Pero una vez que los británicos capturaron la ciudad de Yandabo, que no estaba lejos de la propia capital birmana, los birmanos empezaron a cantar una melodía diferente. Sabiendo que no tenían mucho margen para negociar, finalmente aceptaron las condiciones que les daban los británicos en un intento desesperado por evitar el colapso total. Este temor es el que llevó a los birmanos a firmar el llamado Tratado de Yandabo el 24 de febrero de 1826.

Obligar a los birmanos a renunciar a territorios estratégicos como Arakan, Asam y Manipur dio a los británicos el respiro que deseaban, pero ahora, Birmania era solo una sombra de lo que había sido.

Además, el reino se vio sometido a la pesada carga de tener que pagar a la Corona británica reparaciones por el coste de la guerra. Esto supuso una humillación para Birmania y, en particular, para el rey birmano, Bagyidaw. Se dice que, tras esta terrible derrota, el rey Bagyidaw entró en una depresión total que le perseguiría el resto de su vida. De hecho, las cosas se ponían tan mal a veces que la reina y su familia a menudo tenían que intervenir como administradores del gobierno birmano mientras el rey Bagyidaw pasaba tiempo recuperándose de sus afecciones mentales.

Esta administración no era vista con buenos ojos por Tharrawaddy Min, el hermano menor del rey. Tharrawaddy estaba disgustado por la incapacidad de su hermano para gobernar, y tampoco apreciaba que la esposa y los familiares de su hermano le sustituyeran. Decidiendo poner las cosas en sus manos, Tharrawaddy lanzó un golpe de estado en 1837, y consiguió desbancar a su hermano del poder y ocupar su lugar como rey de Birmania.

Tharrawaddy Min estaba decidido a revertir las pérdidas de su hermano, por lo que comenzó atacar deliberadamente a los británicos. También empezó a cortar los lazos con los diplomáticos británicos y, en el otoño de 1841, envió a sus fuerzas a Rangún en lo que equivalía a un desfile militar para hacer ver su ambición de expulsar a los británicos por la fuerza si era necesario. Pero a pesar de toda esta bravuconería, Tharrawaddy demostró ser tan inestable como su hermano mayor y, tras varios ataques de inestabilidad mental, sus propios hijos lo encerraron en 1845.

El rey Tharrawaddy Min falleció en 1846, allanando el camino para que su hijo, Pagan Min, ocupara su lugar. Sin embargo, las relaciones entre británicos y birmanos volverían a romperse. En 1851, el gobernador de la provincia de Pegu detuvo a dos capitanes de barco británicos por cargos falsos de homicidio, lo que provocó que las relaciones llegaran a su punto más bajo. Como era de esperar, los británicos exigieron la repatriación de sus ciudadanos y, ante la negativa del gobierno birmano, enviaron sus fuerzas a Pegu en 1852, dando inicio a lo que sería la segunda guerra anglo-birmana.

Los británicos acabaron anexionando Pegu en diciembre. Mientras tanto, la corte birmana había empezado a temer un colapso total del gobierno y, para evitar la aniquilación total, los funcionarios birmanos lanzaron un golpe de estado contra Pagan Min. Después de que Pagan Min fuera apartado del poder, su hermanastro, el príncipe Mindon, que había alentado la rebelión, fue colocado en el trono. Se dice que Mindon era un devoto budista que aborrecía la guerra. Como tal, se acercó a la mesa para discutir los términos de la paz con los británicos.

La delegación del rey Mindon Min se reunió con los británicos en marzo de 1853 y les suplicó que cedieran el territorio de Pegu, pero los británicos, sabiendo la debilidad de la mano de los birmanos, se negaron a renunciar a sus ganancias. Por muy pacífico que fuera Mindon Min, no podía aceptar estas condiciones, así que cortó la comunicación con los británicos en mayo de 1853. Pero, a pesar de esta ruptura, un incómodo empate daría lugar a un retorno de las relaciones bastante cordiales en los años siguientes. Se abrieron canales no oficiales a través de la diplomacia irregular, que comenzaron a promover un diálogo mucho más amistoso entre las dos naciones.

Mientras tanto, se estaban formando dos Birmanias claramente diferentes. Estaba la Birmania británica, que reunía las posesiones británicas de Pegu, Arakan y Tenasserim, y luego estaba la Birmania tradicional, que consistía en los restos del antiguo reino birmano supervisado por el rey Mindon Min. Consolidando el poco territorio que le quedaba, Mindon Min instituyó una nueva capital en 1860, haciendo de Mandalay la nueva sede del poder.

Durante este periodo, el rey Mindon intentó reformar su gobierno, con la esperanza de que su reino fuera lo suficientemente robusto y dinámico como para evitar que los británicos absorbieran aún más territorios. Sin embargo, a pesar de todos sus esfuerzos, en 1875 los británicos se habían hecho con más tierras ancestrales. Los problemas comenzaron cuando el pueblo de los Estados Karenni, llamados karen, se rebeló contra el rey birmano e intentó separarse. El rey birmano, obviamente, no iba a permitir que esta insurrección de los karen se produjera bajo su cuidado, así que intentó frenar la rebelión. El rey Mindon envió sus fuerzas para tomar el control de la región rebelde, pero esto puso a las tropas birmanas justo en la frontera con la Birmania británica. Los británicos manifestaron su descontento y enviaron sus propias fuerzas a la región para ayudar a los karen.

En un principio, los británicos llegaron a un acuerdo para que el gobierno birmano reconociera la autonomía de los karen, creando así otro colchón estratégico entre los británicos y los birmanos. Sin embargo, el rey Mindon murió pocos años después, exhalando su último aliento en 1878. Thibaw Min, el hijo de Mindon, subió al poder. Al principio, Thibaw Min parecía alguien que podía ser controlado por sus ministros y que, por lo tanto, daría más margen de maniobra a la hora de gobernar la región. Pero después de que su esposa, Supayalat, sospechara que varios ministros estaban conspirando contra su marido, convenció al rey para que hiciera ejecutar a varios de ellos, así como a muchos miembros de su propia familia. Este acto conmocionó a los británicos, y cuando la corte fue interrogada al respecto, los funcionarios de Thibaw Min se limitaron a afirmar que el rey estaba en su derecho de gobernar su propio reino soberano como considerara oportuno. Las relaciones birmanas y británicas siguieron deteriorándose.

Mientras Thibaw Min daba la espalda a los británicos, abría un nuevo diálogo con los franceses, que también estaban haciendo rápidas incursiones en el Sudeste Asiático. Esto molestó mucho a los británicos, que intentaban evitar que los franceses chocaran con sus propios intereses en la región. A estas alturas, los británicos buscaban un pretexto para actuar contra el reino birmano y, en 1885, parecían haberlo encontrado.

Por aquel entonces, estalló una disputa local que implicaba a la llamada Bombay Burmah Trading Corporation. Se trataba de una empresa británica que se dedicaba a la extracción de árboles de los bosques de teca de la Alta Birmania desde hacía muchos años, haciéndolo en virtud de un acuerdo directo con el reino birmano. El rey Thibaw Min alegó que la empresa había extraído ilegalmente más árboles de los que figuraban en su contrato oficial y, por tanto, había perjudicado al gobierno birmano.

El caso llegó a los tribunales de Birmania, y los contratistas británicos acabaron siendo multados con mucho dinero. Como era de esperar, los representantes británicos se mostraron molestos por esta medida, y afirmaron que las acusaciones eran falsas y que el gobierno corrupto del rey simplemente estaba tratando de sacar dinero extra a los británicos. Los británicos ordenaron entonces a los birmanos que nombraran un mediador británico para llegar a un acuerdo justo.

Sin embargo, los birmanos se negaron a complacer a los británicos, lo que llevó a los británicos a emitir su infame ultimátum el 22 de octubre de 1885. Este ultimátum exigía la instalación de un representante británico en Mandalay, y también insistía en que cualquier multa u otros castigos legales que se hubieran impuesto a los contratistas quedaran en suspenso hasta la llegada del representante. Esto no fue el final de las demandas, ya que el ultimátum contenía una cláusula que no parecía tener mucho que ver con esta disputa local. Según el ultimátum, Birmania tendría que consultar con Gran Bretaña si deseaba hacer negocios con cualquier país extranjero. Evidentemente, se trataba de un intento de restringir las crecientes relaciones de Birmania con los franceses, y era una completa afrenta a la propia voluntad, independencia y soberanía de Birmania. El rey, por supuesto, sabía que si aceptaba este ultimátum, se convertiría en una mera marioneta en manos de los británicos.

Así que, como era de esperar, se negó siquiera a pensarlo. Esta negativa era todo lo que los británicos necesitaban como pretexto para lanzar lo que se convertiría en la tercera guerra anglo-birmana. Es casi una exageración llamar a esta campaña una guerra. Las tropas británicas fueron enviadas a la Alta Birmania el 14 de noviembre, y para el 28 de noviembre, Mandalay estaba en sus manos con muy poca resistencia, y el rey Thibaw fue depuesto. Esta serie de acontecimientos, casi sin clímax, condujo finalmente a la caída de Birmania.

Capítulo 7 - Vietnam, Laos y Camboya se abren al mundo

«El miedo nos mantiene centrados en el pasado o preocupados por el futuro. Si podemos reconocer nuestro miedo, podemos darnos cuenta de que ahora mismo estamos bien. Ahora mismo, hoy, seguimos vivos, y nuestros cuerpos funcionan maravillosamente. Nuestros ojos aún pueden ver el hermoso cielo. Nuestros oídos aún pueden escuchar las voces de nuestros seres queridos».

-*Thich Nhat Hanh*

Vietnam, Laos y Camboya habían pasado miles de años como entidades separadas hasta que llegaron los franceses y decidieron unirlas en lo que se convertiría en la Indochina francesa a mediados del siglo XIX. Como solía ocurrir con las grandes potencias europeas del siglo XIX, se necesitaban los pretextos más endebles para lanzar una ambiciosa oleada de colonización a los rincones más lejanos del planeta. Y esto es precisamente lo que ocurrió en el período previo a la creación de Indochina por parte de Francia.

Francia llevaba tiempo buscando un motivo para hacerse con algún territorio del Sudeste Asiático, y cuando se supo que los misioneros cristianos franceses habían sido maltratados en Vietnam —o como se llamaba entonces, *Dai Nam—* fue todo el pretexto que necesitaba Napoleón III para enviar tropas francesas a pacificar a los vietnamitas. Podría decirse que Napoleón III estaba creado una distracción, ya que embarcarse en una maniobra extranjera en el Sudeste Asiático resultó ser una gran distracción para la agitación política que estaba teniendo lugar en Francia.

Napoleón III, sobrino nada menos que del propio Napoleón Bonaparte, había burlado la Constitución francesa y se había hecho con el poder. Había sido elegido democráticamente para ejercer un mandato de 1848 a 1852 antes de dar un golpe de Estado que le apuntaló como dictador. Seguramente no todos los franceses estaban contentos con estos acontecimientos, así que cuando Napoleón III tuvo la oportunidad de dirigir su atención al extranjero, aprovechó la ocasión.

Aunque la expedición punitiva francesa pretendía inicialmente dar una lección a los vietnamitas, se convirtió en un esfuerzo de colonización total. El asalto francés comenzó en el sur de Vietnam, donde las fuerzas francesas marcharon hacia el norte y tomaron la ciudad de Da Nang en el otoño de 1858. Este asedio incluyó el uso de unos 14 cañones y casi 4.000 soldados. Los vietnamitas se resistieron ferozmente a cualquier intento de los franceses de avanzar hacia el norte, y tras unos meses de ser rechazados en su avance hacia el norte, los franceses decidieron dirigirse hacia el sur para atacar la ciudad meridional de Saigón (la actual Ciudad de Ho Chi Minh) en su lugar.

Saigón no contaba con las redes defensivas que tenían las ciudades de Vietnam Central y del Norte, por lo que fue relativamente fácil para los franceses tomar la ciudad. Cayó en manos de las fuerzas francesas el 17 de febrero de 1859. Pero una vez que los franceses tomaron Saigón, se encontraron con una fuerte resistencia en el campo circundante, lo que dificultó su avance más allá de la propia ciudad de Saigón. Los franceses decidieron entablar conversaciones de paz con los vietnamitas en noviembre de 1859, exigiendo un tratado en el que los vietnamitas se comprometieran a garantizar la seguridad del clero cristiano en el futuro.

Sin embargo, los dirigentes vietnamitas se negaron a llegar a ningún acuerdo, por lo que la batalla continuó. Los franceses, mientras tanto, pudieron reforzar su fuerza con más refuerzos y, en 1861, pudieron marchar sobre varios asentamientos estratégicos a lo largo del delta del Mekong, en el sur de Vietnam. Estas ganancias territoriales condujeron a la firma del Tratado de Saigón el 5 de junio de 1862. Este tratado garantizaba la libertad religiosa de los cristianos de la región, y también abría el delta del Mekong a los comerciantes franceses.

Según este acuerdo, el gobierno de Vietnam debía entregar Bien Hoa, Gia Dinh y Dinh Tuong, así como las islas de Poulo Condor. Los vietnamitas también se vieron obligados a pagar la factura de la guerra y a desembolsar una considerable suma de dinero. En 1864, los territorios de Bien Hoa, Gia Dinh y Dinh Tuong se habían convertido en una colonia, que los franceses llamaron Cochinchina. Los franceses pudieron expandirse aún más en 1867 cuando, tras otra derrota militar, los vietnamitas se vieron obligados a ceder las regiones de Ha Tien, Chau Doc y Vinh Long.

El siguiente paso en el camino hacia la Indochina francesa fue la vecina Camboya, que se convirtió en un protectorado francés ese mismo año. Los franceses, mientras tanto, tenían sus ojos puestos en utilizar el Mekong como medio de transporte hacia China. Pero cuando el Mekong resultó ser demasiado traicionero, decidieron crear un camino hacia China por tren, construyendo una vía férrea que partía de Tonkin (una región del norte de Vietnam). La región no era precisamente amiga de los intereses franceses, y después de que un funcionario francés llamado Francis Garnier fuera atacado y decapitado por los lugareños en 1873, los franceses utilizaron el incidente como justificación para imponer su voluntad. Tras una constante campaña de presión, tanto Tonkin como la región de Annam se convirtieron finalmente en protectorados franceses.

China no podía dejar de notar estos preocupantes acontecimientos en su propio patio trasero, y pronto se vería arrastrada a un conflicto con los franceses. Después de que los franceses irrumpieran en Hanói en la primavera de 1882, los chinos enviaron un ejército propio para enfrentarse a los franceses. Al principio, los chinos trataron de negociar con los franceses, pero las fuerzas francesas ya estaban listas para tomar el territorio vietnamita por la fuerza.

Incapaz de razonar con los invasores, China comenzó a tomar las armas contra ellos, y como resultado estalló la llamada guerra sino-francesa en 1884. A medida que la guerra se calentaba, los franceses enviaron sus cañoneras hasta Taiwán, donde arrasaron las posiciones defensivas chinas. Sin embargo, a pesar del éxito de los franceses en el mar, los chinos lograron algunos avances en tierra cuando su infantería consiguió expulsar a las tropas francesas de Lang Son. Los franceses no estaban dispuestos a gastar sus recursos en una guerra larga y prolongada con China, y finalmente se les convenció de que se acercaran a la mesa de negociaciones.

Las subsiguientes conversaciones de paz desembocaron en el Tratado de Tientsin, que ambas partes firmaron en junio de 1885. Como resultado de este tratado, los franceses pasarían a controlar Vietnam. En 1887, las posesiones francesas en Vietnam y Camboya se fusionaron para formar Indochina. El siguiente acontecimiento fue el estallido de la guerra entre Francia y el reino de Siam (la actual Tailandia) en 1893, cuando el gobernador de Indochina envió a Bangkok a un diplomático francés llamado Auguste Pavie para negociar la colocación de Laos bajo un protectorado francés. El reino de Siam se negó a considerar tal cosa, lo que llevó a los franceses a emprender la "diplomacia de las cañoneras" para producir un resultado que les fuera favorable. Con la artillería pesada de la Armada francesa cercando Bangkok, el rey Chulalongkorn (también conocido como rey Rama V) de Siam suplicó ayuda a los británicos, pero estos no sirvieron de mucho. Después de lavarse las manos, básicamente le dijeron al rey Chulalongkorn que hiciera un trato con los franceses. Esta negociación forzada condujo a la adquisición francesa de Laos.

El rey Chulalongkorn sigue siendo recordado como un gran rey entre los tailandeses, destacado por sus enormes adiciones a la infraestructura de Tailandia. Esto incluye los esfuerzos de modernización para llevar electricidad y otras comodidades a la nación. Pero cuando se trata de la presión francesa sobre Laos, parece que el rey de Siam se vio obligado a jugar una mano perdida. Sabía que su nación no podría hacer frente a los militares franceses por sí sola, así que Chulalongkorn empezó a buscar formas de reforzar la posición de Tailandia como nación independiente en el frente diplomático. Con este propósito, el ambicioso monarca siamés abandonó su patria para realizar una gira por Europa en 1897. Esta fue la primera delegación oficial de Tailandia, y el rey Chulalongkorn utilizó toda su destreza diplomática con los jefes de Europa para asegurarse de que su reino —o al menos lo que quedaba de él— siguiera siendo libre.

A principios del siglo XX, las fronteras de la Indochina francesa sufrirían ligeros ajustes, pero en su mayor parte se mantuvieron. Sin embargo, este establecimiento francés de un statu quo ocultaba la agitación interna que se estaba gestando dentro de las fronteras de Indochina francesa, ya que había varios movimientos de resistencia clandestinos en marcha. Pero no sería hasta la tensión de la Segunda Guerra Mundial cuando el control francés sobre la región se aflojaría lo suficiente como para que estos movimientos echaran realmente raíces.

Capítulo 8 - Islas del descubrimiento - Filipinas

«Filipinas es un nombre terrible, que viene de España. Felipe II fue el padre de la inquisición, quien creo que murió de sífilis. Lamento mucho no haber cambiado el nombre de nuestro país».

-*Imelda Marcos*

Filipinas es un dinámico archipiélago de unas 7.641 islas situado en el Sudeste Asiático. Estas islas ocupan unos 115.831 kilómetros cuadrados, y las islas de Mindanao y Luzón constituyen la mayor parte de la región. Luzón cuenta con la capital, Manila, que fue la sede del antiguo reino de Tondo, que gobernó desde el año 900 de la era cristiana hasta que llegaron los españoles y se apoderaron de las islas en el siglo XVI. Antes de la llegada de los españoles, los filipinos estaban muy influenciados por la India. Al fin y al cabo, fue el subcontinente indio el que ayudó a configurar la cultura, la religión e incluso la escritura de las islas (Filipinas utilizaba una forma de escritura derivada del sánscrito). Todo esto, por supuesto, fue anterior a la llegada de los europeos a la región.

Fernando de Magallanes, un explorador portugués que trabajaba para la Corona española, se topó por primera vez con Filipinas en 1521. En lo que fue un viaje audaz para la época, Magallanes navegó desde Europa hasta el extremo sur de Sudamérica, rodeó la punta y siguió en dirección noroeste por el océano Pacífico hasta llegar a las costas de Filipinas.

Allí entraron en contacto con el líder de las islas, el rajá Humabón. El encuentro parece haber sido bueno, y el rajá incluso se mostró amistoso con el cristianismo cuando se le presionó sobre el tema. Esto era importante para Fernando y su compañía, ya que todos eran fervientes católicos que deseaban difundir el evangelio tanto como encontrar nuevas tierras. Tras dejar la gracia del rajá, Magallanes y sus compañeros se dirigieron a la cercana isla de Mactán, pero la recepción no sería tan acogedora allí.

De hecho, en cuanto el barco de Magallanes desembarcó y él y su tripulación pisaron tierra firme, fueron emboscados por los lugareños. Los atacantes parecían saber que Magallanes era el líder y, por alguna razón, dirigieron el grueso de su asalto contra él. De repente, a Magallanes le lanzaron lanzas y cuchillas con forma de cimitarra se abalanzaron sobre su persona. Magallanes acabó sufriendo múltiples heridas, y murió allí mismo en la playa. El resto de sus compañeros tuvieron que regresar rápidamente al barco y huir para salvar sus vidas.

Aunque la misión terminaría de forma trágica para Magallanes, el resto de la tripulación haría historia a pesar de todo. Tras esta parada, seguirían hacia el oeste hasta poder rodear la punta de Sudáfrica y navegar de vuelta a Europa, completando así la primera circunnavegación mundial con éxito. Los españoles volverían a Filipinas décadas después, en 1565, pero esta vez no como exploradores, sino como conquistadores. Dirigidos por Miguel López de Legazpi, un grupo de unos 400 soldados españoles tomó Luzón por la fuerza e hizo de Manila la capital colonial de la más reciente posesión extraterritorial de España.

Manila se convertiría en un importante centro de comercio internacional, ya que ahora era el punto de parada de los galeones españoles recién llegados de los territorios controlados por España en América. Estos galeones solían ir cargados de plata recién extraída de México, y con esta plata, los españoles compraban bienes preciosos a China. Esencialmente, trabajaban como intermediarios con Europa, comerciando con porcelana, especias finas y otros.

La toma de Manila por parte de los españoles también afectó al sultanato musulmán de Brunéi, ya que Manila se consideraba entonces un vasallo del sultán. Brunéi se había convertido al islam en el año 1400, unos cien años antes de la llegada de los españoles católicos. Después de que los españoles convirtieran las Filipinas al cristianismo a finales del siglo XVI y ejercieran el control político de la región, no tardó en estallar un conflicto abierto con el sultanato de Brunéi. Al principio, el gobernador español de Manila pareció enviar al sultán una rama de olivo, solicitando que mantuvieran relaciones amistosas, pero cuando el gobernador pidió permiso para evangelizar Brunéi con misioneros cristianos, el sultán no quiso saber nada.

En esta época, España era un régimen religioso intransigente, y desde los días de la Reconquista, cuando los cristianos españoles recuperaron su patria en la península ibérica, que había sido invadida por los musulmanes, los españoles estaban en una cruzada interminable contra el islam. Cuando la Corona española decidió declarar la guerra al sultán de Brunéi en 1578, esta fue, en muchos sentidos, solo la última batalla de esta guerra ideológica continua.

En la base de España en México, que era otro territorio que los españoles habían conquistado y convertido al cristianismo recientemente, los españoles habían creado una fuerza multinacional de europeos e indígenas mexicanos de diversos orígenes nativos americanos, como aztecas, mayas e incas. Este grupo de trabajo zarpó del oeste de México, atravesó el océano Pacífico y llegó a Filipinas, donde fue reforzado por más de mil filipinos.

Esta fuerza de combate irrumpió en la capital de Brunéi —Kota Batu— el 16 de abril de 1578. El sultán se vio obligado a retirarse a las tierras altas de Jerudong. Las fuerzas españolas se preparaban para perseguirlo, pero tuvieron que suspender cualquier otro combate después de que sus campamentos fueran sacudidos por una terrible epidemia de disentería y cólera.

Debilitados por la enfermedad, los españoles se retiraron a Filipinas. Las relaciones entre España y Brunéi acabaron por normalizarse y, en 1599, se restablecieron plenamente con el acuerdo de que ninguna de las partes se inmiscuiría en los asuntos religiosos de la otra. El dominio español continuaría ininterrumpidamente hasta 1762, año en que las Filipinas fueron tomadas brevemente por los británicos.

España se había visto arrastrada a la llamada guerra de los Siete Años del lado de los franceses, que luchaban contra los británicos. Gran Bretaña no tuvo piedad en su asalto a las colonias españolas, asaltando Cuba y lanzando simultáneamente una invasión anfibia de Manila, en Filipinas. Los británicos habían enviado una expedición naval desde sus colonias en el subcontinente indio, que llegó a la bahía de Manila el 26 de septiembre de 1762.

Esto condujo a la batalla de Cavite, en la que los defensores españoles fueron abatidos con bastante facilidad por los invasores británicos. Los británicos acordaron una retirada oficial en 1764, pero no dispersarían todas sus tropas hasta 1773. España mantuvo el control de las Filipinas hasta que el territorio se perdió a manos de los estadounidenses en la guerra hispano-estadounidense de 1898.

Capítulo 9 - La llegada de los colonos y los capitalistas

«Odio el imperialismo. Detesto el colonialismo. Y temo las consecuencias de su última y amarga lucha por la vida. Estamos decididos a que nuestra nación, y el mundo en su conjunto, no sean el juguete de un pequeño rincón del mundo».

- Sukarno

La colonización del Sudeste Asiático siguió una fórmula bastante estándar en la que las potencias europeas pedían a una nación del Sudeste Asiático ciertas concesiones y luego utilizaban cualquier negativa como pretexto para apoderarse de ella directamente. Esto ocurrió en Vietnam cuando se exigió al gobierno vietnamita que garantizara la protección de los misioneros cristianos, así como que abriera las puertas a un comercio más amplio. Cuando el rey de Vietnam se negó a apaciguar a los franceses en estas exigencias, Napoleón III decidió lanzar una invasión en 1858, que daría lugar a varias décadas de consolidación francesa del territorio en el Sudeste Asiático.

El mismo patrón se repitió en muchos otros lugares de la región durante este periodo. La mayoría de los reinos del Sudeste Asiático se encontraban en grave desventaja frente a la invasión de los europeos, que acababan de salir de la Revolución Industrial, lo que les permitía hacer grandes progresos en el avance de sus fuerzas armadas. La disparidad entre los europeos, fuertemente armados, y los Sudeste Asiáticos, ligeramente armados, es precisamente lo que llevó a estos casos de la llamada diplomacia de las cañoneras. En estos casos, cargueros con casco de acero aparecían de repente en los puertos del Sudeste Asiático con artillería totalmente capaz de hacer volar en pedazos los asentamientos si no se cumplían ciertas exigencias.

Indonesia fue otra región del Sudeste Asiático que sufrió varias oleadas de colonización, pero los primeros colonizadores reales de este trozo de tierra del Sudeste Asiático no fueron los europeos, sino un flujo constante de agentes de poder islámicos que empezaron a llegar a la escena a finales del siglo XII. Cuando los portugueses pusieron sus ojos en la isla de Sumatra a finales del siglo XIV, ya estaba bajo control musulmán.

El proceso exacto de esta islamización no está exactamente claro. Esta transformación se documentó en algunas leyendas locales, pero a la mayoría de los lectores modernos, francamente, les costaría creerlas. Un erudito árabe llamado Ibn Battuta visitó la región en 1345, por ejemplo, y relató una historia bastante sorprendente. Con respecto a cómo se impuso el islam, relató la historia de un rey indonesio llamado Merah Silau que experimentó una conversión milagrosa.

Según Ibn Battuta, Merah tuvo una visión de Mahoma, en la que el profeta le escupió en la boca (a Merah). Poco después, Merah se sintió supuestamente confundido al ver que hablaba de forma extraña. La leyenda continúa afirmando que, poco después, apareció una embarcación mercante del mundo islámico y los visitantes pudieron informar al desconcertado rey de que las extrañas palabras que salían de su boca eran la confesión de fe islámica. Esta historia nos hace creer que un rey indonesio se convirtió milagrosamente en musulmán de la noche a la mañana y que su reino siguió sus pasos.

De ser cierto, este hecho sería único en la historia de las conversiones islámicas, ya que la mayoría de los demás casos de naciones que se convirtieron al islam se produjeron después de ser conquistadas por ejércitos musulmanes. Oriente Medio, todo el norte de África y, durante un tiempo, incluso España se convirtieron en musulmanes tras las conquistas militares. Tras su derrota militar, los ciudadanos solían tener la opción de convertirse en musulmanes o pagar la jizya, un impuesto que los no musulmanes debían pagar para mantener su libertad religiosa.

Sin embargo, en lo que respecta a Indonesia, existen indicios de que quizá la asimilación del islam entre los lugareños fue un proceso más gradual en el que intervino la influencia de poderosos mercaderes musulmanes que visitaron la región a lo largo del tiempo. Pero sea como fuere, para cuando los portugueses llegaron a la escena en mayo de 1498, el islam estaba firmemente arraigado en la región.

Los portugueses no eran precisamente los más ardientes misioneros, y la mayoría de las veces, el comercio de costosas especias tenía prioridad sobre la ganancia de almas. Cuando los portugueses erigieron sus primeros pequeños puestos de avanzada en Indonesia y sus alrededores, su principal preocupación era cargar sus barcos con todas las mercancías valiosas que pudieran para luego poder trocarlas con los comerciantes de las ciudades portuarias de Europa. Lo interesante de los portugueses que emprendieron audaces viajes en los primeros tiempos de la colonización europea es que muchos de ellos renunciaron a cualquier idea de volver a casa y, en cambio, colgaron su sombrero en sus puestos de avanzada en el Sudeste Asiático para siempre.

De hecho, la mayoría de los marineros portugueses se integraron en la comunidad local tanto como pudieron. Se casaron con mujeres del Sudeste Asiático y formaron familias enteras. Por muy atrevidas que fueran muchas de sus hazañas al navegar por aguas inexploradas, la mayor parte de las veces se asimilaban al Sudeste Asiático en lugar de colonizar realmente la región.

Sin embargo, todo esto cambiaría cuando los exploradores holandeses llegaron alrededor del año 1596. Los holandeses habían sufrido mucho durante su viaje, y muchos de ellos perecieron por enfermedades como la disentería. Algunos de los holandeses más agresivos estuvieron a punto de amotinarse y provocar peleas entre la tripulación. Por ello, cuando este grupo descontento llegó a Indonesia, era un espectáculo lamentable, ya que estaban enfermos, maltrechos y magullados (literalmente) por sus incesantes luchas internas.

Sin embargo, fueron bien recibidos por los lugareños y se les brindó toda la cortesía común que se daba a todos los comerciantes extranjeros que llegaban a la región. Los portugueses que vivían en las islas también les ayudaron, ya que organizaron la presentación de los holandeses al potentado local. Los exploradores holandeses fueron invitados al palacio del rey, donde firmaron un tratado básico que reconocía sus derechos a comerciar en la región.

Sin embargo, al ir a los mercados locales, los holandeses no estaban contentos con lo que consideraban una exageración de precios por parte de los vendedores locales. Con los precios tan altos de las especias locales, se dieron cuenta de que no podrían obtener un beneficio decente por sus esfuerzos. Al parecer, el líder de los exploradores holandeses, Cornelis de Houtman, estaba tan indignado que acudió a palacio y se quejó airadamente. En el proceso, consiguió enfurecer a la corte del rey y posteriormente se le ordenó que abandonara la isla.

El astuto Cornelis accedió a marcharse, pero antes de hacerlo, dijo a sus hombres que provocaran un alboroto. Se dice que estos taimados holandeses iniciaron un barullo, que dejó varios civiles muertos, antes de subir a su embarcación y dirigir su artillería hacia el propio palacio. Bombardearon la propia corte del rey, causando grandes daños, antes de zarpar por las aguas. En cuanto a las relaciones internacionales, esta primera exposición de los indonesios a los holandeses fue tan mala como podía ser. Ya habría tiempo para enmendar las cosas, y a principios del siglo XVII, más barcos holandeses llegarían al Sudeste Asiático y desarrollarían relaciones mucho más cordiales.

Al principio, los puestos de avanzada holandeses que se establecieron no tenían mucho que ver con el colonialismo, sino con el capitalismo puro y simple. Los holandeses sabían que si podían hacerse con un buen suministro de especias, dominarían los mercados europeos, ya que solo una pequeña cantidad de la preciada especia podía reportar enormes beneficios. Para sacar el máximo partido a sus ganancias, los financiadores de la expedición holandesa crearon una empresa comercial oficial, a la que llamaron Compañía Holandesa de las Indias Orientales. Esta organización crearía el primer puesto de avanzada holandés permanente en Indonesia, en Banten, al oeste de Java. Poco después de la instalación de los holandeses en Java, los británicos, que eran rivales marítimos, intentaron desalojarlos.

Los británicos llegarían a perseguir a los puestos de avanzada holandeses en todo el mundo. Al fin y al cabo, fueron los británicos los que desalojaron a los holandeses de sus asentamientos en el noreste de América, a los que llamaron Nueva Ámsterdam. Después de expulsar a los holandeses, los victoriosos británicos la rebautizaron como Nueva York. Los británicos habían intentado una maniobra similar a principios del siglo XVII cuando intentaron expulsar a los holandeses de Java. Los holandeses, al darse cuenta de que estaban en desventaja, enviaron refuerzos mientras una pequeña facción permanecía sitiada en su fortaleza isleña. Los británicos se cansaron pronto de la expedición y suspendieron el asalto. Poco después llegaron los refuerzos holandeses, y la capital de Yakarta fue tomada y convertida en el cuartel general de las Indias Orientales Holandesas.

Los holandeses consolidaron su poder en la región y, en 1682, ya tenían la suficiente influencia como para exigir a los dirigentes indonesios de Banten que dejaran de hacer negocios con los británicos. Aunque se trataba de algo que llevaba décadas gestándose, los holandeses pudieron finalmente vengarse de sus archienemigos, convirtiéndolos en *persona non grata* en lo que respecta a Indonesia.

Pero, por muy influyentes que fueran los holandeses en ese momento, no eran colonos en el sentido tradicional. Se limitaban a mantener un poderoso puesto de avanzada en Java. Sin embargo, a lo largo del siglo XVIII, los holandeses fueron ganando poco a poco más territorio en la región. Fue como si la Compañía Holandesa de las Indias Orientales pasara de ser una empresa comercial a algo más parecido a un territorio colonial. En el proceso, el monopolio holandés del comercio marítimo comenzó a declinar.

Parte de la razón de este declive se debió simplemente a la disminución de la demanda de las especias que ofrecían las Indias Orientales. La sed europea de artículos como el clavo y la nuez moscada había disminuido. Además de este desinterés, las colonias británicas y francesas estaban ahora cultivando muchas de estas especias por su cuenta, creando así un exceso en el mercado, bajando el precio de lo que antes era un bien preciado. Los holandeses ya no ganaban dinero con las especias como antes. En 1799, debido a la creciente deuda, la Compañía Holandesa de las Indias Orientales se disolvió y en su lugar se formó lo que podría llamarse una colonia holandesa. Durante esta época, los holandeses empezaron a centrar su atención en el interior, sobre todo en las islas de Sumatra y Java, donde empezaron a coaccionar a los lugareños para que cultivaran azúcar y arroz de forma rentable, lo que aún podía reportarles algunos beneficios en el mercado internacional. Los administradores holandeses se beneficiaron de esta práctica, pero los lugareños a los que indujeron a trabajar para ellos ganaron muy poco por su trabajo.

Sin embargo, sería erróneo decir que los holandeses no hicieron nada para ayudar a sus súbditos coloniales, ya que el pueblo de Indonesia se benefició ciertamente del orden colonial holandés, ya que les protegió del bandolerismo que había hecho estragos en la región en el pasado. Además, los indonesios tuvieron acceso a una atención sanitaria de calidad y, en consecuencia, vieron aumentar su esperanza de vida. El hecho de que los indonesios tuvieran una vida más larga y saludable se demuestra fácilmente por el crecimiento de la población en las islas mientras estaban bajo el dominio holandés.

Se dice, por ejemplo, que en 1800 solo vivían diez millones de personas en Java. En 1900, esa población se había triplicado hasta alcanzar los treinta millones, lo que da fe del aumento de la calidad de vida que se produjo bajo la administración colonial holandesa. En los albores del siglo XX, los holandeses decidieron ser aún más humanos con sus súbditos al instituir iniciativas de bienestar público que ampliaron el acceso a las escuelas y a las clínicas de salud. Esto se hizo en una medida legislativa que denominaron Política Ética. Irónicamente, fue la mejora del sistema educativo de Indonesia la que enseñó a muchos por primera vez los ideales de la democracia, lo que llevó a replantearse el sistema colonial al que estaban sometidos.

Mientras tanto, los franceses habían forjado su propia y poderosa colonia en el Sudeste Asiático, a la que llamaban Indochina, de la que formaban parte Vietnam, Camboya y Laos. Estos países tenían muy poco en común entre sí, aparte del hecho de haber sido obligados a unirse como parte de una colonia francesa. Sin embargo, los franceses pudieron sacar un gran provecho de sus posesiones coloniales gracias al desarrollo de materias primas, como el caucho y otros valiosos productos comerciales. Pero aun así, la administración de su lejana colonia del Sudeste Asiático supuso a menudo una carga para la Francia continental. Los franceses tenían que enviar un sinfín de burócratas franceses solo para administrar el lugar. La estructura colonial tampoco era muy buena para los lugareños, ya que les privaba de la posibilidad de tener representantes locales en el gobierno, ya que los funcionarios coloniales franceses se aseguraban de ocupar todos esos puestos. Esto significaba que los trabajadores locales no tenían forma de presentar sus quejas, por ejemplo, cuando se enfrentaban a condiciones inhumanas al trabajar en las plantaciones de árboles de caucho. Aunque los franceses introdujeron el capitalismo en su sociedad colonial del Sudeste Asiático, la población local era más propensa a ser víctima de esta forma despiadada de capitalismo que a obtener algún beneficio tangible de ella.

Las cosas tampoco fueron mucho mejor en la Birmania controlada por los británicos. Los británicos se apoderaron de Birmania en tres oleadas sucesivas, que culminaron con la toma de todo el territorio birmano al final de la tercera guerra anglo-birmana. Los británicos incorporaron estas nuevas ganancias territoriales a sus posesiones en la vecina India. Los británicos fueron brutales en ocasiones cuando estallaron las rebeliones, especialmente en la Baja Birmania, donde a veces las tropas británicas quemaban pueblos enteros.

En un esfuerzo por dividir y conquistar a los birmanos, los británicos contribuyeron a menudo a fomentar el resentimiento entre los distintos grupos étnicos. Los británicos mostraron favoritismo hacia los karen del este de Birmania, por ejemplo, y dieron ventajas especiales a los inmigrantes indios. Los birmanos estaban especialmente resentidos con los indios que llegaban y compraban tierras que antes habían pertenecido a los birmanos. A finales de siglo, la situación se volvía especialmente tensa en la Birmania británica, y empezaron a surgir varios movimientos contra los derechos de los indios a medida que aumentaba el malestar entre los birmanos.

En Filipinas, había surgido un nuevo aspirante colonial en forma de Estados Unidos. Estados Unidos había arrebatado Filipinas a sus antiguos supervisores coloniales, los españoles, tras la guerra hispano-estadounidense de 1898. Sin embargo, una vez que Estados Unidos se hizo con las Filipinas, no supo muy bien qué hacer con ellas. Al principio, fingieron simpatía hacia los rebeldes filipinos, que habían estado luchando previamente para liberarse de España. Pero tan pronto como Estados Unidos expulsó a los españoles, se abandonó cualquier pretensión de liberación. En su lugar, Estados Unidos se anexionó las Filipinas como territorio propio. Los filipinos, que deseaban la libertad, no se iban a conformar con esto y rápidamente organizaron una insurgencia contra la ocupación estadounidense. El 4 de febrero de 1899 estalló una gran batalla entre los estadounidenses y los insurgentes.

Esta batalla, que se conoció como la batalla de Manila, fue la primera acción de la guerra filipino-americana. Esta batalla estalló tras una escaramuza en el perímetro de Manila, que el ejército estadounidense estaba ocupando en ese momento. Y lo que fue un incidente menor pronto se convirtió en una guerra total. Algunos insurgentes filipinos intentaron tomar la iniciativa haciéndose con el control de la artillería estadounidense, pero su ventaja no duraría mucho.

Al día siguiente, las tropas estadounidenses se unieron y comenzaron a tomar el territorio circundante a Manila, expulsando a los rebeldes. El control estadounidense de Manila estaba asegurado, pero la guerra de guerrillas continuó durante los años siguientes. No fue hasta el verano de 1902 cuando las fuerzas estadounidenses pudieron afirmar que tenían una autoridad completa sobre Filipinas, e incluso entonces se produjeron algunos ataques esporádicos contra los ocupantes.

Parte de la razón por la que la insurrección filipina contra Estados Unidos decayó fue la falta de apoyo público entre la mayoría de los filipinos. La larga animosidad que había impulsado a los filipinos a rebelarse contra los españoles no existía cuando se trataba de los estadounidenses. Por un lado, Estados Unidos dirigía su colonia de forma diferente al modelo europeo. Instalaron una legislatura elegida democráticamente y permitieron que los filipinos ocuparan todos los puestos con la advertencia de que Estados Unidos tenía que aprobar todas las decisiones importantes.

En realidad, entre la población general de Filipinas, los estadounidenses eran considerados el mal menor en comparación con los capataces españoles que les precedieron. El mero hecho de que Estados Unidos permitiera la separación de la Iglesia y el Estado suponía una gran mejora en la vida de la mayoría de los filipinos, que antes tenían que lidiar con una Iglesia católica dominante que dictaba casi todos los aspectos de sus vidas. Los españoles habían otorgado a los sacerdotes locales considerables poderes que luego imponían a los laicos.

Aunque Estados Unidos no hizo nada para interferir en el culto católico, dejando que las iglesias católicas permanecieran donde estaban, los funcionarios estadounidenses se aseguraron de que la Iglesia y el Estado estuvieran separados. Estas cosas eran conceptos totalmente nuevos para los filipinos, y de hecho se beneficiaron de ellos. Y cuando el pueblo filipino empezó a experimentar al menos un ligero aumento de sus propias libertades personales, se dio cuenta de que su yugo era mucho más ligero bajo la administración estadounidense.

Pero, independientemente de cómo se administrara, Estados Unidos, que era a su vez una antigua colonia de los británicos, siempre pareció bastante inadecuado para tener una colonia de ultramar. Filipinas estaba lejos de Estados Unidos (aunque no tanto como ellos de España), y la mayoría de los estadounidenses no sabían casi nada de la cultura filipina.

Por otra parte, Filipinas constituía un punto de apoyo estratégico para los intereses de Estados Unidos en el Pacífico cuando la creciente potencia de Japón se hizo notar. Muy pronto, la repentina oleada de poderío imperial japonés llegaría a sacudir todas estas colonias del Sudeste Asiático hasta sus cimientos.

Capítulo 10 - El Sudeste Asiático consumido por la Esfera de Coprosperidad

«Abogar por un Nuevo Orden era buscar la libertad y el respeto de los pueblos sin prejuicios, y buscar una base estable para la existencia de todos los pueblos, por igual, y libre de amenazas».

- Tojo Hideki

Japón conmocionó al mundo el 27 de septiembre de 1940, cuando se anunció que había firmado el llamado Pacto Tripartito con la Alemania nazi y la Italia fascista. Japón había sido una potencia en ascenso desde que comenzó la llamada restauración Meiji en el siglo XIX, que ayudó a Japón a revitalizar sus fuerzas armadas y su base industrial. En lugar de ser presa de la colonización como muchos de sus pares asiáticos, Japón se había convertido en una potencia colonial por derecho propio.

En 1894, Japón entró en guerra con China y arrebató a los chinos el control de Taiwán. En 1904, Japón se enfrentó a Rusia y en 1905 convirtió a Corea en un protectorado. Esto sentó las bases para que Japón anexionara toda la península de Corea a su floreciente imperio en 1910. El Japón imperial parecía tener mucho potencial, pero las demás potencias mundiales no estaban muy seguras de lo que los japoneses harían con él.

El hecho de que Japón se pusiera del lado de los nazis y los fascistas italianos era, como mínimo, alarmante, pero incluso un par de meses antes de este audaz movimiento, el ministro de Asuntos Exteriores japonés, Matsuoka Yosuke, había hecho un anuncio que debería haber puesto al mundo sobre aviso. Declaró los diseños japoneses para una Gran Esfera de Coprosperidad de Asia Oriental.

Aunque la mayoría no tenía ni idea de lo que podía significar algo así, tendría enormes implicaciones en el Sudeste Asiático en los años venideros. Incluso la firma del Pacto Tripartito por parte de Japón debe considerarse desde esta perspectiva, ya que una de las condiciones para que Japón uniera sus fuerzas a las de Alemania e Italia era que estas dos partes reconocieran que el este y el sureste de Asia serían la esfera de influencia de Japón.

Después de que los alemanes arrasaran en Europa occidental y derrotaran a Francia en junio de 1940, los japoneses empezaron a considerar las ramificaciones de lo que podría ocurrir con el territorio controlado por Francia en el Sudeste Asiático. El temprano golpe de gracia de Francia dejó en el aire el destino de las colonias francesas. Japón sabía que si no intervenía, Alemania podría apoderarse de las colonias. Así pues, inmediatamente después de la devastadora derrota de Francia, se estableció un estado títere francés en el sur de Francia, alrededor de la ciudad de Vichy.

La Francia de Vichy, como se la conocía, se convertiría en aliada de los nazis. Y aunque a la Francia de Vichy se le permitió conservar sus posesiones extraterritoriales, Japón pronto dejó claro que esperaba recibir ventajas y privilegios especiales, ya que las colonias de la Francia de Vichy estaban en su proyectada esfera de influencia. Japón ya había provocado otra guerra con China (la primera tuvo lugar a finales del siglo XIX) en 1931 con la toma de la Manchuria china. Luego, en 1937, Japón volvió a golpear a China, esta vez tomando varias ciudades importantes a lo largo de la costa oriental de China, incluyendo Pekín, Shanghái y Nanjing.

La toma de Nanjing (también llamada Nanking), que a veces se ha denominado la Masacre de Nanjing, fue especialmente brutal. Como sugiere el apelativo, la toma de la ciudad fue seguida de violaciones y saqueos cometidos por los soldados japoneses. Gran parte del mundo hizo la vista gorda ante estas atrocidades. No fue hasta que Japón se unió al Eje y comenzó a apoderarse de antiguas posesiones europeas en el Sudeste Asiático cuando el resto del mundo se dio cuenta.

De hecho, los planificadores de guerra japoneses tuvieron que hacer un examen de conciencia para decidirse a adquirir territorios del Sudeste Asiático mientras la guerra en China seguía haciendo estragos. El emperador Hirohito de Japón no estaba satisfecho con el hecho de que la guerra con China aún no se hubiera ganado mientras el ejército japonés se preparaba para abrir un nuevo frente en el Sudeste Asiático. Hirohito llegó a declarar a uno de sus colaboradores su creencia de que las fuerzas armadas japonesas estaban simplemente tratando de desviar la atención de su fracaso en derrotar rápidamente a los chinos distrayendo a todo el mundo con un nuevo compromiso en el Sudeste Asiático. De este modo, los japoneses podrían culpar de la falta de progreso contra China a las colonias europeas, que habían privado a Japón de los abundantes recursos de su propio patio trasero que les habrían ayudado a someter a los chinos más fácilmente.

En cualquier caso, a pesar de su escepticismo, el emperador japonés permitió que los planes de guerra continuaran tal y como pretendían sus generales. La cúpula militar japonesa estaba absolutamente convencida de que la guerra en China no podía continuar a menos que Japón hiciera uso de los abundantes recursos del Sudeste Asiático para ayudar a alimentar la lucha.

Así, el primer ministro japonés, Konoe Fumimaro, aprobó la puesta en marcha de la Esfera de Coprosperidad. En un principio, no significaba necesariamente una guerra abierta, sino una integración gradual de las naciones del Sudeste Asiático en la esfera. Lo más importante para Japón era que las potencias mundiales, como Estados Unidos y la Unión Soviética, reconocieran el dominio de Japón en la región. Y de estas dos, era quizás la soviética la que más preocupaba a Japón.

Japón y la Rusia soviética estaban muy cerca el uno del otro, por lo que era bastante fácil que ambos entraran en disputas territoriales. De hecho, antes de la Revolución rusa de 1917, cuando Rusia aún estaba dirigida por el zar, Japón había hecho la guerra con éxito contra los rusos. La nueva encarnación del poder ruso, la Unión Soviética, no estaba dispuesta a arriesgarse con Japón en el futuro, lo que dio lugar a una gran acumulación militar entre el territorio soviético y el japonés. Esto fue una fuente de considerable tensión.

En 1939, se produjo una escaramuza fronteriza en la Manchuria controlada por Japón entre tropas japonesas y rusas. A pesar de sus anteriores victorias contra los rusos, en esta batalla no oficial, a los japoneses no les fue tan bien. Antes de que la situación se convirtiera en una guerra real, ambas partes pudieron llegar a una solución diplomática, alcanzando un nuevo acuerdo fronterizo en el verano de 1940, justo antes de que Japón se uniera al Eje. En ese momento, lo último que quería Japón era un conflicto con la Rusia soviética.

Esto proporcionó a Japón una razón más para expandirse hacia el Sudeste Asiático en lugar de arriesgarse a una agresión rusa en su patio trasero del noroeste. Los japoneses querían mantener a los rusos alejados de ellos por el momento. E incluso cuando los alemanes decidieron traicionar al primer ministro soviético Joseph Stalin e invadir Rusia, los japoneses, que se sentían traicionados, no quisieron saber nada de ello.

La primera aplicación de la llamada Esfera de Coprosperidad de Japón se produjo después de que los nazis derrotaran a Francia. Con la caída de Francia, se creó el estado títere nazi de Vichy France, y Japón consideró que el antiguo territorio colonial francés en el Sudeste Asiático estaba maduro para la cosecha. Dado que la Francia de Vichy era ostensiblemente un aliado de la Alemania nazi, Japón no pudo arrebatarle inmediatamente las colonias a Francia. En su lugar, los japoneses trataron de presionar e intimidar a los franceses para que cumplieran todas sus exigencias. La primera de estas demandas fue la solicitud de que Francia permitiera a los japoneses estacionar tropas en Vietnam del Norte para ayudar a la lucha continua de Japón contra los chinos. Los japoneses insistieron en que tener un punto de apoyo en Vietnam del Norte sería esencial en su esfuerzo por obtener la ventaja contra las fuerzas chinas. Los asediados franceses, como era de esperar, no estaban en desacuerdo, y dieron su aprobación para que los japoneses comenzaran a desplegar tropas en Vietnam del Norte. En un principio, solo se trataba de un pequeño destacamento de tropas, pero no pasó mucho tiempo antes de que hubiera varios miles de soldados japoneses estacionados en Vietnam del Norte.

La siguiente exigencia de los japoneses a los franceses fue el control total de la ciudad portuaria de Haiphong, alegando que era vital para sus esfuerzos de guerra. Pronto, Japón envió tropas a discreción, estableció bases aéreas y, en general, utilizó todos los recursos que pudo. Para el otoño de 1940, estaba bastante claro quién controlaba realmente la Indochina francesa. Al principio, muchos de los combatientes vietnamitas por la libertad en la región debieron considerar a los japoneses como liberadores, pero cualquier esperanza de que los japoneses tuvieran sus mejores intereses en el corazón se desvaneció rápidamente.

Demostrando su desprecio y falta de simpatía por los vietnamitas, los administradores japoneses mantuvieron gran parte de la burocracia colonial francesa. Nada cambió realmente para el residente vietnamita medio, salvo el hecho de que los japoneses tenían la última palabra sobre lo que podían hacer las autoridades coloniales francesas y, al final, eran los japoneses los que obtenían un beneficio de su trabajo. A pesar de cualquier pretensión de ser liberadores, el hecho era que era mucho más fácil para los japoneses gobernar a través de los franceses que sin ellos.

Otra prueba para el dominio japonés y el estatus de la Indochina francesa surgió en junio de 1940, cuando Tailandia se aprovechó de la debilidad francesa y comenzó a hacer ruido de sables contra los colonos. Incluso antes de que Francia se viera arrastrada a la Segunda Guerra Mundial, en Tailandia había crecido un movimiento constante para reclamar las tierras que Francia había tomado. Estos sentimientos cobraron verdadero impulso en 1938, cuando el dictador tailandés mariscal de campo Plaek Pibulsongkram (más conocido como Phibun) llegó al poder.

El mariscal Phibun, montado en una ola populista, empezó a hablar abiertamente de devolver a Tailandia su antigua gloria. Con estas intenciones, el 24 de junio de 1939, Phibun cambió el nombre de su nación del odiado "Siam", con el que los forasteros habían bautizado a la región, por el de "Tailandia". Este nombre significaba que su nación era un hogar para todos los tailandeses, incluidos los que vivían bajo el dominio colonial francés. Para un oportunista como Phibun, debió parecer la mano divina del destino que los tanques alemanes derrotaran a Francia en 1940. A Phibun le pareció que era el momento adecuado para enfrentarse a su derrotada némesis francesa y exigir la repatriación de las tierras que Francia había arrebatado a Tailandia en el pasado.

Phibun movilizó a las fuerzas armadas tailandesas para su causa y lanzó una guerra contra los franceses en la región en octubre de 1940. Los franceses estaban muy superados por las tropas tailandesas y, en un principio, la guerra se decantó a su favor. El 6 de enero de 1941, las tropas tailandesas parecían estar cerca de una gran victoria en Laos. Sin embargo, la situación cambiaría drásticamente solo una semana más tarde, cuando los franceses, asediados, reunieron lo que quedaba de sus naves y lanzaron un ataque furtivo el 17 de enero.

Los franceses cambiarían las tornas en la llamada batalla de Ko Chang. Esta batalla naval enfrentó a una flotilla francesa con un grupo de naves tailandesas, y los barcos tailandeses fueron diezmados. Este fue un golpe devastador para el esfuerzo bélico tailandés. Aunque en un principio los japoneses se contentaron con dejar que las dos partes se enfrentaran, después de esta victoria francesa, decidieron intervenir y servir de mediadores entre ambas. Gracias a la "diplomacia" japonesa, los franceses se vieron obligados a ceder los territorios en disputa a Tailandia, y la lucha entre ambas partes cesó.

Los japoneses utilizaron su papel no tanto para la paz como para sacar más provecho de la situación. A partir de ese momento, Japón comenzó a introducir sus propias tropas en Tailandia. Como resultado, el estado tailandés se convertiría esencialmente en una marioneta ocupada por los japoneses. De hecho, los japoneses lanzaron una invasión de Tailandia el mismo día que bombardearon Pearl Harbor en Hawái.

Las tropas de Phibun intentaron en vano contener a los japoneses, pero tras un día de lucha, Phibun se rindió ante la agresión japonesa. Phibun decidiría entonces colaborar con los japoneses, lo que le llevó a declarar abiertamente la guerra a las potencias aliadas el 25 de enero de 1942. Tailandia, por supuesto, nunca fue considerada una amenaza seria en el gran esquema de las cosas, pero ciertas potencias aliadas, como los británicos, en particular, no olvidarían la traición percibida de Phibun.

Mientras tanto, la resistencia vietnamita contra los japoneses comenzó a tomar forma bajo el liderazgo del idealista comunista Ho Chi Minh. Dado que Japón estaba intensificando sus esfuerzos contra China y exprimiendo todo tipo de recursos de la Indochina francesa, el Departamento de Estado estadounidense comenzó a interesarse por la región. En un intento de frenar la maquinaria bélica japonesa, Estados Unidos impuso sanciones a los japoneses, deteniendo el flujo de petróleo y gas de América a Japón. Los británicos y los holandeses también aislaron a Japón poco después.

Japón dependía de estos recursos y, sin ellos, tendría que buscar más suministros en otros lugares. En particular, Japón comenzó a ver las posesiones británicas y holandesas en el Sudeste Asiático. Sin embargo, los planificadores de guerra japoneses eran plenamente conscientes de que cualquier ataque al territorio británico les arrastraría con toda probabilidad a una guerra con Estados Unidos. Gran Bretaña ya estaba luchando contra los alemanes, y si Japón se unía a la contienda, los Estados Unidos seguramente le seguirían.

En ese momento, los japoneses se dieron cuenta de que la guerra con Estados Unidos era casi inevitable, así que tomaron la fatídica decisión de atacar primero a los estadounidenses. Este ataque preventivo se produjo el 7 de diciembre de 1941, cuando los japoneses lanzaron una incursión en Pearl Harbor. De forma similar a la guerra relámpago que Alemania había llevado a cabo para abrumar rápidamente a Europa occidental, los japoneses esperaban paralizar por completo la flota estadounidense que estaba estacionada en Pearl Harbor, Hawái.

Algunos de los mejores acorazados estadounidenses, como el USS *Arizona*, el USS *West Virginia*, el USS *Oklahoma*, el USS *California*, el USS *Utah*, el USS *Nevada* y el USS *Pennsylvania*, entre otros innumerables, fueron literalmente arrasados. La mayoría fueron tomados completamente por sorpresa, lo que significa que ni siquiera tuvieron la oportunidad de tomar una acción evasiva antes de que sus barcos fueran demolidos y sus tripulaciones enviadas a una tumba bajo el mar. En total, murieron unos 3.500 estadounidenses. Mientras los estadounidenses seguían desenterrando los restos de Pearl Harbor, los japoneses desencadenaron un ataque contra las posesiones británicas, holandesas y estadounidenses en el Sudeste Asiático.

Los japoneses se apoderaron de Filipinas el 8 de diciembre, luchando con tal ferocidad que la flota estadounidense, que no estaba preparada, se vio obligada a evacuar a Java el 12 de diciembre de 1941. Las tropas japonesas que participaron en la invasión habían estado estacionadas en la cercana Formosa, y en cuanto se les dio la señal, saltaron a la acción. Por increíble que parezca, aunque los japoneses asestaron una derrota contundente a las fuerzas estadounidenses ese día, los norteamericanos tenían en realidad la ventaja numérica. En efecto, hubo más defensores que asaltantes durante el asalto a Filipinas, pero se dice que muchas de las tropas coloniales eran unidades inexpertas o irregulares que simplemente no tenían los medios para enfrentarse a las curtidas tropas japonesas. Al final, 23.000 soldados estadounidenses murieron o fueron hechos prisioneros de guerra, así como unos 100.000 soldados filipinos que también murieron o fueron hechos prisioneros de guerra.

Los japoneses lanzaron entonces ataques contra la Malasia británica, obligando a los defensores británicos a retirarse a Singapur. Tras un prolongado asedio, los japoneses lograron reclamar Singapur el 15 de febrero de 1942. A continuación, la maquinaria de guerra japonesa arrasó con la Birmania británica, las Indias Orientales Holandesas y otros lugares, uno tras otro.

Los defensores estadounidenses que quedaron en Filipinas fueron obligados a rendirse a los japoneses el 9 de abril de 1942. Estos prisioneros de guerra se enfrentarían a algunas de las peores condiciones imaginables. Fueron golpeados, maltratados y humillados de forma rutinaria, y también se les hizo marchar durante largas horas sin apenas comida ni agua. Una de las más famosas de estas marchas, la llamada marcha de la muerte de Bataan, en la que unos 80.000 prisioneros de guerra marcharon unos 100 kilómetros hasta su nuevo lugar de detención, causó varios miles de muertos.

Con los japoneses controlando tanto las Indias Orientales Holandesas (Indonesia) como las Filipinas, las aguas que rodeaban Australia estaban prácticamente rodeadas por tropas japonesas hostiles. Muchos australianos temían ser los siguientes, pero los japoneses no llegarían tan lejos. Los avances logrados a finales de 1941 y en la primera mitad de 1942 marcarían el punto álgido de su agresión, ya que su poder solo disminuiría a partir de ese momento.

Tras la desastrosa derrota de Japón a manos de Estados Unidos en la batalla de la isla de Midway en junio de 1942, los estadounidenses empezaron a hacer retroceder a los japoneses de forma lenta pero segura. Midway fue un desastre total para los japoneses, que vieron cómo se destruían cuatro de sus portaaviones. Este hecho por sí solo hizo mella en la capacidad de Japón para hacer la guerra. Después de todo, fueron sus portaaviones los que permitieron a los bombarderos y cazas japoneses ponerse al alcance de Pearl Harbor en diciembre de 1941. Sin los portaaviones adecuados, la capacidad de Japón para lanzar ataques de largo alcance en el Pacífico se vio afectada.

A la batalla de Midway le siguió otra importante victoria estadounidense en las islas Salomón, cuando Estados Unidos se enfrentó a los japoneses en Guadalcanal. Las islas Salomón, que habían sido previamente una posesión británica antes de que los japoneses se apoderaran de ellas, eran importantes para los japoneses porque eran un componente clave de sus sobrecargadas líneas de suministro. Los japoneses también deseaban utilizar las islas Salomón como plataforma de lanzamiento para otros ataques en el Pacífico.

Sin embargo, estos planes se vieron frustrados cuando Estados Unidos lanzó una invasión de las islas, decidida a expulsar a los japoneses. Los marines estadounidenses libraron sangrientas batallas con los japoneses por cada centímetro de tierra que pudieran conseguir. Y mientras los marines se enfrentaban a los japoneses en tierra, las fuerzas navales estadounidenses se enfrentaban a la armada japonesa en las aguas circundantes.

El asedio duró hasta febrero de 1943, cuando los últimos defensores japoneses se vieron finalmente obligados a abandonar las islas. Curiosamente, a medida que los líderes japoneses empezaban a sentir que la guerra no se volvía a su favor, se consideraba la posibilidad de otorgar más autonomía a las naciones del Sudeste Asiático que estaban bajo su dominio. El 28 de enero de 1943, el recién elegido primer ministro, Tojo Hideki (comúnmente conocido como Hideki Tojo en el estilo occidental, donde el apellido aparece después del nombre), comenzó a hablar abiertamente de conceder alguna apariencia de independencia tanto a Birmania como a Filipinas.

Parece que, una vez más, los japoneses esperaban que, presentándose como liberadores, podrían ganarse el apoyo activo de los Sudeste Asiáticos. Estas palabras fueron seguidas de acciones cuando Birmania y Filipinas obtuvieron una forma de independencia el 1 de agosto y el 14 de octubre, respectivamente.

A pesar de las palabras, el propio Tojo Hideki nunca creyó realmente que las naciones del Sudeste Asiático merecieran la independencia. De hecho, pocos días antes de la independencia birmana, el primer ministro Tojo declaró a sus colegas: «Birmania es más un recién nacido que un niño», insinuando a su manera condescendiente que Japón tendría que ser la mano que guiara a los infantiles birmanos. A continuación, Tojo aseguró a sus colegas la sumisión definitiva de Birmania a Japón cuando declaró: «mientras tengamos nuestro poder militar, sabemos que tenemos a Birmania por el cuello».

La obra más elaborada de construcción de una pseudonación en la que participaron los japoneses fue cuando, el 21 de octubre de 1943, instalaron a un nacionalista indio llamado Subhas Chandra Bose en Singapur en lo que se denominó el Gobierno Provisional de la India Libre. Dado que Singapur está bastante alejado de la India, se trataba obviamente de un gobierno en el exilio, que los japoneses esperaban que inspirara a más indios independentistas a apoyar sus esfuerzos. Se esperaba que los nacionalistas indios del subcontinente vieran con orgullo al gobierno indio de Singapur y se animaran a volverse contra sus amos coloniales británicos en la propia India. Los japoneses esperaban especialmente que la visión de un ejército indio armado e independiente en el Sudeste Asiático inspirara a todos los indios de la región a unirse a su causa. Y antes de que terminara la guerra, los japoneses harían marchar a las fuerzas de Subhas Chandra Bose hacia la India continental en un intento desesperado por desalojar el dominio británico en la región.

Pero por mucho que Japón afirmara que estos diversos regímenes eran independientes, en realidad solo lo eran mientras siguieran los deseos de Japón. No obstante, el 5 de noviembre de 1943, el alto mando japonés convocó la llamada Conferencia de la Gran Asia Oriental, que intentaría presentar a todos los gobernantes títeres de Japón como iguales. Aquí se elaboraron los futuros planes para la Esfera de Coprosperidad. Aquí, los esfuerzos de Japón se presentaron como una lucha colectiva que implicaba a todo el Sudeste Asiático contra el imperialismo occidental.

En 1944, sin embargo, estaba claro que la guerra empezaba a ir muy mal para los japoneses, y mientras estos se atrincheraban para una dura lucha, las promesas de una verdadera autonomía sonaban vacías. Japón estaba ahora a la defensiva frente a los Aliados, y había perdido gran parte del apoyo real de las naciones del Sudeste Asiático, como Filipinas y Birmania, este último en el que los marines estadounidenses desembarcaron en su suelo en marzo de 1944.

Los japoneses, aunque fueron expulsados de Birmania, tomaron a los aliados desprevenidos al avanzar hacia el oeste e invadir la India británica. Una fuerza de unos 85.000 soldados japoneses, junto con el apoyo adicional del Ejército Nacional Indio de Subhas Chandra Bose, intentaron asaltar las posiciones británicas y, al mismo tiempo, provocar el resentimiento popular entre la población local. Se esperaba que surgiera una resistencia autóctona al dominio británico y que, en el caos, los británicos fueran derrotados. También era un objetivo de los japoneses atar a los británicos en la India para que no pudieran luchar en Birmania.

Las fuerzas conjuntas japonesas e indias tomaron la ciudad fronteriza de Imfal el 29 de marzo de 1944, cogiendo a los británicos por completa sorpresa. Los japoneses pudieron entonces cerrar la carretera Imfal-Kohima sin mucha resistencia. Envalentonados, tomaron la cercana ciudad de Kohima el 6 de abril. Sin embargo, los británicos no se iban a conformar con esto, y finalmente se reunió una fuerza británica/india para enfrentarse a los japoneses. Este grupo cortó el bloqueo de la carretera Imfal-Kohima, y una vez que una fuerza de socorro llegó al lugar, comenzó la verdadera batalla. Los invasores resistieron durante un tiempo, pero acabaron retirándose por completo ese mes de julio. Al ser expulsados de Birmania, los japoneses se dieron cuenta de que solo les quedaba un punto de apoyo, que se centraba en el río Irrawaddy. Los japoneses serían expulsados definitivamente de Birmania en 1945.

Mientras tanto, en el cercano Vietnam, la resistencia vietnamita a los japoneses no hacía más que aumentar. Las fuerzas rebeldes apoyadas por los comunistas, conocidas como el Viet Minh, eran especialmente eficaces a la hora de lanzar ataques de guerrilla contra las tropas japonesas de ocupación. Sin embargo, en marzo de 1945, los japoneses habían reforzado su control despojando a todas las colonias francesas del poder para que los japoneses pudieran gobernar directamente al pueblo vietnamita. La situación no duraría mucho, ya que los japoneses estaban cada vez más cerca de su derrota definitiva en la Segunda Guerra Mundial. Y mientras Japón se tambaleaba al borde del colapso, el Viet Minh consiguió arrebatar a los japoneses su propio pedazo de territorio en el noreste de Vietnam.

Este pedazo de terreno elevado seguiría siendo importante para el Viet Minh mientras el grupo continuaba su lucha por crear un enclave comunista autónomo en las décadas siguientes. A medida que Japón se acercaba a su inevitable derrota, el Viet Minh se envalentonaba y, en agosto, los rebeldes habían logrado tomar tanto Hanói como Saigón. Entonces, el 2 de septiembre de 1945, el líder rebelde vietnamita Ho Chi Minh anunció audazmente que su Viet Minh había establecido la primera República Democrática de Vietnam.

Curiosamente, esto se declaró el mismo día en que Japón se rindió oficialmente a las fuerzas aliadas. Sin embargo, los aliados no se tomaron muy en serio esta declaración de independencia de los vietnamitas. Y, en realidad, Ho Chi Minh solo controlaba una parte del norte, mientras que los franceses, ayudados por los británicos, intentaban restaurar el dominio colonial en el sur. Sin embargo, no era una tarea fácil, ya que el Viet Minh comunista rondaba por el campo, sembrando el desorden cuanto podía. La situación era tan mala que los británicos y los franceses reclutaron a los japoneses, recientemente derrotados, para que les ayudaran a luchar contra el Viet Minh. Los propios japoneses eran asaltados constantemente por los guerrilleros vietnamitas, lo que les impedía incluso evacuar la región hasta que la violencia disminuyera.

Por ello, los británicos hicieron que los franceses declararan la ley marcial hasta que una fuerza conjunta de tropas francesas, británicas y japonesas intentara acabar con los feroces combatientes del Viet Minh. Esta hazaña se logró finalmente el 23 de septiembre de 1945. Con una apariencia de paz restaurada, la antigua infraestructura colonial francesa volvió a funcionar.

Lo mismo puede decirse de muchas otras partes del Sudeste Asiático de las que los japoneses se habían retirado. Pero a pesar de las falsas promesas de la Esfera de Coprosperidad, las naciones del Sudeste Asiático no iban a estar satisfechas hasta que su verdadera libertad se hiciera realidad de forma legítima.

Capítulo 11 - El Sudeste Asiático y el dulce sabor de la libertad

«No me uní al movimiento de resistencia para matar gente, para matar a la nación. Véanme ahora. ¿Soy una persona salvaje? Tengo la conciencia tranquila».

-*Pol Pot*

Dado que gran parte del Sudeste Asiático había sido colonizado, la marcha hacia la libertad no iba a ser fácil. Hicieron falta luchas locales contra los señores coloniales, dos guerras mundiales y más luchas de este tipo para lograr algo parecido a la independencia, a lo que seguiría un intento de forjar un Estado desde cero. En gran parte del Sudeste Asiático, estas fueron las cosas que se necesitaron para que se produjera una verdadera libertad.

De todas las antiguas colonias que lograron la condición de Estado, quizás fue Filipinas la que tuvo el camino más fácil. A pesar de los horrores que les infligieron los japoneses, los ocupantes japoneses habían puesto en marcha una burocracia en lugar de los líderes locales filipinos, que serviría de marco para un estado nacional independiente. Filipinas también se benefició del hecho de que Estados Unidos, a diferencia de los británicos y los franceses, no estaba absolutamente empeñado en mantener Filipinas como territorio. De hecho, incluso antes de la ocupación japonesa, Estados Unidos había firmado un acuerdo con Filipinas que pretendía allanar el camino para una independencia gradual en 1946. El plan preveía que Filipinas se mantuviera bajo un estatus de mancomunidad hasta que se lograra la independencia total. Estados Unidos incluso había supervisado la elección del primer presidente, Manuel Quezón, en 1935. Una vez expulsados los japoneses, los planes de independencia volvieron a ponerse en marcha, y el primer estado filipino legítimo e independiente vio la luz el 4 de julio de 1946. Aunque Manuel Quezón había fallecido de tuberculosis en 1944 mientras estaba exiliado en Estados Unidos, se eligió rápidamente un nuevo presidente filipino como reemplazo.

A los británicos de Birmania, en cambio, les costó mucho más desprenderse de su posesión de ultramar. Había mucho equipaje y asuntos pendientes tras la guerra, e inicialmente los británicos querían juzgar a los birmanos que habían colaborado con los japoneses. Entre ellos estaba el popular líder birmano Aung San.

El revolucionario birmano Aung San había saltado a la fama como agitador estudiantil que organizó protestas contra el dominio británico en la década de 1930. Con el tiempo, Aung San pasó de ser un organizador estudiantil a liderar un grupo revolucionario, que se denominaba Thakin. Cuando las autoridades británicas empezaron a reprimir el movimiento, Aung San se trasladó a Japón en 1940. Esto, por supuesto, fue justo en la víspera de la eventual invasión japonesa de Birmania, una invasión en la que Aung San tuvo un asiento en primera fila, llegando de vuelta a Birmania en la prominencia de Birmania mientras montaba en los faldones de los japoneses.

Dicho esto, no cabe duda de que había suficientes esqueletos en el armario de Aung San como para que los británicos los analizaran más de cerca, pero como Aung San era tan popular entre el pueblo birmano, pronto se comprendió que eso solo empeoraría una situación ya de por sí caótica. Aung San encabezaba el partido político más poderoso de la época, que clamaba por la independencia. Este partido era la llamada Liga de la Libertad del Pueblo Antifascista.

Con este poderoso respaldo político, Aung San exigía nada menos que la independencia total y completa de Gran Bretaña. Sin embargo, los británicos empezaron a ganar tiempo y presentaron un proceso mucho más gradual que incluía una larga transición antes de conceder finalmente la autonomía a Birmania. Esto no sentó nada bien a los birmanos, y en el otoño de 1946 se lo hicieron saber a los británicos organizando protestas masivas que incluyeron una huelga nacional de la policía birmana y otros burócratas de bajo nivel. Gran Bretaña no podía ignorar este descontento y, a principios de 1947, los funcionarios británicos se vieron presionados a sentarse a la mesa.

En enero de ese año, el propio Aung San se dirigió a Londres para discutir los términos de una separación definitiva de Birmania de Gran Bretaña. Se acordó que en abril se celebrarían elecciones generales. Aung San fue elegido oficialmente por la mayoría del pueblo birmano, aunque muchos karen (un grupo étnico de Birmania) decidieron no participar en las elecciones debido a su persistente sentimiento de privación de derechos y frustración con el proceso. Algunos creían que boicoteando el proceso podrían convencer a la administración entrante de que aprobara la independencia de los karen de Birmania. En cualquier caso, Aung San no tendría mucho tiempo para disfrutar de su victoria, ya que fue asesinado el 19 de julio de 1947. Los británicos no fueron los que estuvieron detrás de este golpe, como cabría esperar en un principio; en realidad fue un partido político birmano rival el que lo llevó a cabo.

Sin embargo, aunque el primer ministro recién elegido estaba muerto, el 24 de septiembre de 1947 se forjó una nueva constitución para una Birmania libre e independiente. El sucesor de Aung San, U Nu (también conocido como Thakin Nu), presidió la firma británica del tratado, que reconocía formalmente la nueva República de la Unión de Birmania el 17 de octubre de 1947. Este tratado fue ratificado oficialmente por el Parlamento británico el 4 de enero de 1948, declarando al mundo que Birmania era realmente una nación libre e independiente.

Pero a pesar de ser declarada libre de Gran Bretaña, Birmania se enfrentaría a varias décadas de tumultos y agitación interior. Habría oleadas de protestas contra la corrupción y múltiples golpes de estado. En la búsqueda de la reforma del gobierno birmano, sería nada menos que la hija del asesinado Aung San, Aung San Suu Kyi, quien se alzaría como defensora de los derechos humanos en Birmania. Por sus esfuerzos, Aung San Suu Kyi fue perseguida por el gobierno birmano y puesta bajo arresto domiciliario en 1991. Finalmente fue liberada en 1995.

Aung San Suu Kyi continuó luchando por los derechos del ciudadano birmano medio, por lo que acabó de nuevo en prisión en 2000. Fue liberada en 2002, pero estuvo a punto de ser asesinada en 2003. Sin embargo, en 2010, gracias a una ola de sentimiento popular, fue elegida consejera de Estado, que es esencialmente el equivalente birmano a un primer ministro. Aung San Suu Kyi es conocida por su activismo, y ha recibido el Premio Nobel de la Paz por sus esfuerzos.

Sin embargo, en los últimos años, su legado se ha visto empañado por el supuesto genocidio del grupo étnico rohingya de Birmania. Se ha afirmado que el ejército birmano ha llevado a cabo un genocidio sistemático de los rohingyas, principalmente musulmanes, y que Aung San Suu Kyi ha intentado encubrirlo. De hecho, Aung San Suu Kyi compareció ante la Corte Internacional de Justicia (CIJ) por este asunto en 2019, y no solo se negó a reconocer que hubiera habido algún genocidio, sino que defendió las acciones de los militares birmanos. Muchas personas de todo el mundo que la conocían como activista de los derechos humanos quedaron bastante sorprendidas por este giro de los acontecimientos.

Sea como fuere, su firme defensa de los militares no le hizo ningún favor, y el 1 de febrero de 2021 fue expulsada del poder en un golpe militar. En medio de denuncias de irregularidades generalizadas, se anularon los resultados de las anteriores elecciones de noviembre, y Aung San Suu Kyi fue apartada del poder por la fuerza y puesta bajo arresto. Hata el momento de la publicación, tanto el destino de Aung San Suu Kyi como el de Birmania (Myanmar) siguen siendo inciertos.

Pero por muy caótica que fuera la independencia de Birmania, no fue ni de lejos tan dura como la lucha de Indonesia por liberarse de la dominación holandesa. Los indonesios declararon su independencia justo al final de la Segunda Guerra Mundial, cuando el revolucionario indonesio Mohammad Hatta declaró la independencia del país el 17 de agosto de 1945. Los holandeses, que querían volver a ser los señores coloniales, no se lo tomaron bien, y esto marcaría el comienzo de una amarga lucha de cuatro años sobre el destino de Indonesia.

Para el indonesio medio, esto se convertiría en una lucha entre ellos tanto como contra los holandeses. Lo que hizo que la revolución nacional indonesia fuera especialmente fea fue el hecho de que los revolucionarios de línea dura llegaron a ver a los indonesios prominentes que habían prosperado bajo el dominio holandés como enemigos de su causa. Como resultado, se ha afirmado que en el curso de su lucha revolucionaria perecieron más indonesios luchando entre sí que a manos de los holandeses. En cualquier caso, solo después de una gran agitación los holandeses reconocieron finalmente a Indonesia como estado independiente en diciembre de 1949.

Sin embargo, incluso la lucha de los indonesios palidece en comparación con la larga y prolongada saga de los vietnamitas. Al final de la Segunda Guerra Mundial, los guerrilleros vietnamitas, el Viet Minh, declararon su independencia, al igual que los revolucionarios indonesios. Pero esta declaración no fue en absoluto bien recibida por los franceses. Con la ayuda de los británicos, los franceses se establecieron en el sur de Vietnam, mientras que el Viet Minh, de orientación comunista, seguía controlando el norte.

En la primavera de 1946, los franceses llegaron a reconocer la República Democrática de Vietnam (RDV) en el norte, pero insistieron en que se celebrara un referéndum para determinar el destino de Vietnam del Sur. Inicialmente, Ho Chi Minh estuvo de acuerdo, pero las conversaciones se rompieron y volvieron a estallar los combates entre el sur controlado por los franceses y el norte comunista. Mientras tanto, los franceses intentaron dar una fachada vietnamita a su presencia en Vietnam del Sur instalando a Bao Dai, un descendiente de la línea imperial vietnamita, como jefe de Estado. En realidad, Bao Dai no era más que una marioneta de los franceses.

A principios de 1950, la Unión Soviética y la China comunista (los comunistas chinos tomaron el control de China en 1949) reconocieron oficialmente a la RDV. Dado que la Guerra Fría entre Estados Unidos y la Unión Soviética ya estaba en pleno apogeo, a Estados Unidos no le gustaron demasiado estos acontecimientos. Estados Unidos deseaba contener el comunismo, y como la guerra de Corea estaba a punto de demostrar, la nación estaba dispuesta a gastar mucha sangre y dinero para lograrlo.

Aunque a principios de la década de 1950 las tropas estadounidenses aún no estaban en Vietnam, Estados Unidos enviaba millones de dólares en ayuda para sostener a los vietnamitas del sur respaldados por Francia. Mientras tanto, los norvietnamitas intensificaban sus esfuerzos contra los survietnamitas. La agresión norvietnamita culminó finalmente en la llamada batalla de Dien Bien Phu en la primavera de 1954. En una serie de feroces asaltos, el Viet Minh llevó a los franceses al borde de la derrota total.

En ese momento, los franceses pidieron ayuda a los estadounidenses. El presidente estadounidense, Dwight D. Eisenhower, insinuó inicialmente que quizás Estados Unidos podría llevar a cabo algunas campañas de bombardeo limitadas contra los norvietnamitas. Sin embargo, cuando la idea se presentó ante el

Congreso estadounidense, fue rechazada de plano. Eisenhower no estaba dispuesto a insistir en la cuestión y los franceses se dieron cuenta de que el apoyo militar estadounidense no estaría disponible en un futuro próximo.

Como consecuencia de la falta de voluntad de Estados Unidos para entrar en guerra, los franceses se vieron obligados a negociar con los norvietnamitas. Esto llevó a un acuerdo en el que Vietnam se dividiría oficialmente en dos países: un régimen comunista en el norte y un régimen respaldado por Francia en el sur. A partir de aquí, los franceses ya no tendrían presencia militar en Vietnam del Sur, pero Estados Unidos empezó a implicarse cada vez más con ayuda militar a los survietnamitas en un intento desesperado de fortificar Vietnam del Sur contra los comunistas.

El primer ministro survietnamita Ngo Dinh Diem también recibió todo el apoyo político de los funcionarios estadounidenses, a pesar de que Diem era cada vez más impopular entre los propios survietnamitas. Diem era un anticomunista estricto y reprimió sistemáticamente a los grupos subversivos de Vietnam del Sur. Sin embargo, cuanto más los reprimía Diem, más seguían apareciendo. Pronto, Vietnam del Sur tuvo que enfrentarse al llamado Viet Cong, un grupo comunista respaldado por los norvietnamitas. De hecho, los norvietnamitas habían creado una amplia línea de suministros que atravesaba los vecinos Laos y Camboya para ayudar a los guerrilleros survietnamitas. Esta línea de suministros, que se denominó la Ruta Ho Chi Minh, se convertiría en una importante espina para Diem. El conflicto entró en una nueva fase en noviembre de 1963, cuando Diem fue asesinado. Le sucedió un general survietnamita llamado Duong Van Minh, y a partir de ahí la situación en Vietnam no haría más que empeorar.

En 1964, el USS *Maddox* fue torpedeado por los norvietnamitas en el golfo de Tonkin. Esto condujo a la llamada Resolución del Golfo de Tonkín, que dio al presidente estadounidense Lyndon B. Johnson el visto bueno para emprender acciones militares contra los norvietnamitas. Esta acción se materializó en una campaña de bombardeos masivos contra el Norte en febrero de 1965, denominada Operación Rolling Thunder. El presidente Johnson subió aún más la apuesta al desplegar más de 180.000 soldados estadounidenses en la región menos de un mes después.

En 1966, el número de tropas estadounidenses en Vietnam superaría los 400.000 efectivos. Pero no importaba cuántas tropas o bombas lanzaran los estadounidenses contra los vietnamitas comunistas, estos se negaban rotundamente a rendirse. No solo eso, sino que parecían ser cada vez más implacables. Tras un impactante asalto a una guarnición de marines estadounidenses en la ciudad survietnamita de Khe Sanh en 1968, Estados Unidos se dio cuenta de que estaba atrapado en un atolladero inextricable. Los defensores estadounidenses de Khe Sanh lograron repeler a los atacantes del Vietminh, pero perdieron 250 soldados estadounidenses solo en esta batalla. E incluso después de lograr esta dura victoria, estaba claro que no servía de mucho, ya que el Viet Minh podía reagruparse y atacarles de nuevo.

La verdadera conmoción llegaría en la Ofensiva del Tet de 1968, cuando el Vietminh lanzó un asalto masivo y coordinado contra Vietnam del Sur, atacando más de 100 objetivos diferentes a la vez. Durante la embestida, incluso la embajada de EE. UU. fue penetrada, aunque los invasores fueron rechazados; sin embargo, tuvo un gran coste de vidas. A estas alturas, la guerra era increíblemente impopular entre el público estadounidense, con frecuentes protestas contra ella en ciudades de todo el país. Ante una guerra tan impopular, el presidente Johnson decidió no presentarse a la reelección. Richard Nixon se convirtió finalmente en el siguiente presidente de Estados Unidos, y se comprometió a traer a las tropas estadounidenses a casa.

La estrategia de Nixon para hacerlo fue lanzar un esfuerzo masivo para entrenar y movilizar a las tropas de Vietnam del Sur para que pudieran asumir el grueso de la lucha y permitir que los soldados estadounidenses se retiraran lentamente. Sin embargo, junto con la retirada de las tropas, Nixon también amplió el alcance de los combates dirigiendo a las unidades para que se enfrentaran a las líneas de suministro norvietnamitas que atravesaban los cercanos Laos y Camboya. Nixon inició una campaña de bombardeos dentro de las fronteras de estas dos naciones, que en su momento se consideró ilegal. Sin embargo, ninguno de estos esfuerzos pareció tener un gran impacto en la capacidad de los norvietnamitas para hacer la guerra, como se demostró en la masiva Ofensiva de Pascua lanzada por el Viet Minh en 1972.

Aunque Nixon no pudo encontrar una solución militar para Vietnam, no dejó de buscar soluciones políticas. Pensó que la había encontrado cuando abrió la puerta a las relaciones diplomáticas con China. El hecho de que Nixon normalizara las relaciones con China fue un gran acontecimiento, ya que ningún presidente estadounidense anterior se había molestado en reconocer la legitimidad del gobierno chino tras la revolución comunista de 1949. Sin embargo, Nixon y el presidente Mao Zedong encontraron un terreno común, y Nixon pudo utilizar a China para ganar influencia en Vietnam. Al utilizar a China para presionar a los norvietnamitas, se persuadió al Viet Minh para que se sentara a la mesa a negociar un posible acuerdo de paz.

Desgraciadamente, todo esto se desbarató en 1973, cuando Nixon se enfrentó a su propia presión política desde casa en forma del llamado escándalo Watergate. Nixon se había visto implicado en un robo fallido en la sede del Comité Nacional Demócrata durante las elecciones del año anterior. Nixon se vio obligado a dimitir y, en medio de esta confusión, las negociaciones con los norvietnamitas fracasaron. Al final, las tropas estadounidenses restantes se vieron obligadas a retirarse en 1975, y Vietnam del Norte tomaría el control de Vietnam del Sur, uniendo el país bajo un solo gobierno.

Irónicamente, después de todo el derramamiento de sangre sobre si Vietnam debía o no convertirse en un estado comunista, Vietnam abandonaría gran parte de sus políticas marxistas de línea dura en los años siguientes y adoptaría muchos ideales capitalistas simplemente porque hacían que la nación fuera más próspera a largo plazo. Tras una terrible recesión a finales de la década de 1970, Vietnam se abrió a las empresas privadas en la década de 1980. A los agricultores, por ejemplo, se les permitió vender los excedentes de producción para obtener beneficios. Estas medidas mejoraron la economía, y Vietnam ha seguido adoptando muchos aspectos del capitalismo de libre mercado hasta el presente. De hecho, Vietnam es ahora un socio comercial de Estados Unidos e incluso de su antigua némesis, Francia. ¿Toda esa lucha en el Sudeste Asiático fue en vano? Tal vez, mirando hacia atrás, se podría decir que sí, pero, por supuesto, como se dice, la retrospectiva siempre es 20/20.

Pero por muy dura que haya sido la transición de Vietnam, en muchos aspectos, la vecina Camboya lo pasó aún peor al salir del colonialismo. Los franceses aceptaron conceder a los camboyanos más poder de decisión en su gobierno después de la guerra, y las reformas se promulgaron en enero de 1946. Los franceses también aceptaron deshacerse de algunas de las antiguas formalidades coloniales, como los títulos de los funcionarios coloniales, y se comprometieron a establecer una legislatura elegida localmente bajo una monarquía constitucional, que estaría encabezada por la familia real camboyana. En ese momento, la familia real estaba encabezada por el rey Norodom Sihanouk.

Aunque algunos asuntos locales fueron cedidos a los camboyanos, los asuntos de mayor importancia, como las relaciones internacionales, la defensa militar e incluso la policía interna, seguirían quedando en manos de los franceses. En cualquier caso, era la mayor libertad que los franceses habían concedido a los camboyanos, y muchos estaban ansiosos de que se cumpliera.

Esa primavera se celebraron las primeras elecciones en Camboya. Los dos partidos principales eran los liberales y los demócratas. Desde una perspectiva estadounidense, los nombres de estos dos partidos pueden resultar confusos a primera vista, pero sus nombres no se corresponden con la política estadounidense. Los llamados liberales son en realidad el ala conservadora de Camboya, mientras que los demócratas son el ala liberal.

Una vez aclarada esta pequeña explicación, he aquí cómo se desarrollaron las primeras elecciones y las siguientes. En las primeras elecciones camboyanas, los demócratas ganaron la mayoría de los escaños. De hecho, en 1946, los demócratas ganaron cincuenta escaños, mientras que los liberales solo obtuvieron catorce. Esto fue una fuente de gran frustración tanto para el rey como para las élites camboyanas respaldadas por Francia, que apoyaron a los liberales conservadores en su intento de llegar al poder.

La situación se tornó violenta en enero de 1950, cuando un activista político lanzó una granada real contra la sede de los demócratas en la ciudad de Phnom Penh. Este ataque mató a un importante líder del partido, un hombre llamado Ieu Koeus. Este ataque avivó la ira de muchos en el público, y cuando la economía comenzó a hundirse a finales de ese año, el descontento masivo comenzó a estallar en las calles. En este ambiente inestable se celebraron otras elecciones en el otoño de 1951.

En estas elecciones, los demócratas ganaron una súper mayoría de cincuenta y cuatro escaños, mientras que los liberales obtuvieron unos míseros dieciocho. Los franceses y las élites camboyanas, que habían aportado mucho dinero para ayudar a los liberales, no estaban contentos. De hecho, habían llegado a un punto de ruptura, y en junio de 1952 se produjo un golpe de estado para destituir al primer ministro elegido democráticamente, Huy Kanthoul.

Los franceses abandonaron oficialmente Camboya en 1953, y el rey Sihanouk gobernó más o menos por decreto directo durante los años siguientes. Se mantendría la farsa de las elecciones, pero ahora solo prosperarían los candidatos respaldados por el rey. Aunque era esencialmente un dictador, el rey Sihanouk tenía algunas cualidades admirables como líder. Tenía buen oído y entendía lo que tanto los plebeyos como los elitistas esperaban de él. También sabía lo que el resto del mundo esperaba de él. Sabía, por ejemplo, que cualquier cosa que tuviera que ver con los comunistas le convertiría en un paria para Occidente. Por ello, el rey Sihanouk se aseguró de distanciarse de las guerrillas comunistas que luchaban en Vietnam del Norte tanto como pudo, sin provocar a los comunistas en el proceso. Y en muchos sentidos, el hecho de que mantuviera a Camboya fuera de la guerra de Vietnam durante tanto tiempo fue un mérito suyo. Supo enhebrar la aguja con maestría para quedar bien con los estadounidenses y con los norvietnamitas. Sabía, por ejemplo, que los norvietnamitas no tolerarían que Camboya permitiera el estacionamiento de tropas estadounidenses en su territorio, así que cuando Estados Unidos le propuso la idea, se mantuvo firme en sus convicciones.

Sin embargo, tanto Vietnam del Norte como Estados Unidos encontrarían más tarde formas de burlar la soberanía de Camboya. Los comunistas vietnamitas utilizaron a menudo las tierras fronterizas de Camboya, y Estados Unidos acabó realizando bombardeos a través de la frontera de Camboya. No obstante, Sihanouk mantuvo en gran medida sus principios de neutralidad.

Sin embargo, en 1970 los vientos volvieron a cambiar y, en marzo de ese año, Sihanouk, que ya no era el rey, sino el jefe de Estado, fue destituido. En los meses anteriores se habían producido varias rondas de protestas por los comunistas norvietnamitas que actuaban en Camboya. Sihanouk se encontraba entonces en el extranjero, visitando varias naciones, entre ellas China, la Unión Soviética y algunos países europeos. Mientras Sihanouk estaba de espaldas, su propio primer ministro, Lon Nol, conspiró contra él, declaró la ley marcial y forzó la salida de Sihanouk. El nuevo gobierno, inspirado en la grandeza del anterior Imperio jemer de Camboya, se llamaría República Jemer. Y fue en este tumultuoso contexto donde un joven comunista camboyano llamado Saloth Sar, más conocido por el nombre de Pol Pot, alcanzó la fama. Los comunistas que dirigía Pol Pot también serían conocidos por su propio e infame apodo de Khmer Rouge. El término "Khmer" hace referencia a la lengua camboyana y a la identidad étnica, mientras que "Rouge" es la palabra francesa para designar al rojo. Los comunistas han sido ampliamente denominados como "rojos", así que esencialmente, el nombre era un epíteto para referirse a los camboyanos comunistas rojos. Se trataba de un insulto, pero los jemeres rojos acabarían adoptando el título.

Poco después de la declaración de la República Jemer, Camboya entró en una guerra civil, con las fuerzas comunistas de los Jemeres Rojos apoyadas por Vietnam del Norte en su lucha contra el gobierno camboyano. Fue una auténtica batalla campal, e incluso cuando el presidente Richard Nixon renovó las campañas de bombardeo de Estados Unidos contra objetivos comunistas en Camboya, la República Jemer siguió sin poder imponerse. El Jemer Rojo de Pol Pot acabó triunfando, y Pol Pot y su llamada Kampuchea Democrática llegarían al poder en 1975, el mismo año en que las tropas estadounidenses eran prácticamente expulsadas del vecino Vietnam.

Mientras tanto, Pol Pot instauraría un régimen brutal que dejaría entre 1,5 y 2 millones de ciudadanos camboyanos muertos en el momento en que su brutalidad hubiera seguido su curso. Los Jemeres Rojos fueron tan brutales que incluso enfurecieron a sus antiguos apoyos comunistas, los vietnamitas. Tras varias escaramuzas fronterizas, Vietnam invadió Camboya directamente en 1978. Las condiciones en Camboya habían empeorado aún más, y con la amenaza de una invasión vietnamita, la opresión de los camboyanos alcanzó nuevos y horribles niveles.

Las minorías étnicas, como los cham, y especialmente las de origen vietnamita, fueron masacradas sistemáticamente. La situación llegó a ser tan grave que, en un momento dado, se dijo que incluso conversar en otra lengua podía llevar a la muerte. Los Jemeres Rojos llegaron a su fin cuando las fuerzas vietnamitas desmantelaron el régimen por la fuerza el 10 de enero de 1979.

Bajo el peso de la opresión exterior, Camboya no recuperó su independencia hasta 1989, cuando se retiraron las últimas tropas vietnamitas. Pol Pot murió en 1998 bajo arresto domiciliario. Tenía setenta años y, al parecer, murió por causas naturales, aunque algunos creen que se suicidó. Hasta el presente, existe una enorme indignación entre quienes consideran que Pol Pot nunca respondió realmente por sus numerosos crímenes.

A principios de la década de 2000, Camboya empezó a recuperarse. En 2003, se consideró que el país era lo suficientemente próspero como para ser admitido en la Asociación de Naciones del Sudeste Asiático (ASEAN). La liberación definitiva de Camboya se hizo esperar, pero al igual que las demás naciones del Sudeste Asiático que se habían liberado de las garras del colonialismo, el sabor de la libertad seguía siendo tan dulce como siempre. Sin embargo, como en algunos otros países del Sudeste Asiático, Camboya se enfrenta a una crisis cuando se trata del gobierno, ya que el país ha sido dirigido por un solo partido desde 2018, a pesar de etiquetarse como una democracia multipartidista. Tailandia es otro país que se ha enfrentado a dificultades en lo que respecta al gobierno, ya que ha pasado de forma intermitente por regímenes militares y monarquías constitucionales. Desde 1932, Tailandia ha pasado por diecisiete constituciones diferentes. Es difícil saber qué les deparará el futuro a países como Camboya y Tailandia, pero teniendo en cuenta todo lo que han pasado y lo lejos que han llegado, existe la esperanza de que establezcan gobiernos que promuevan la igualdad y una economía fuerte.

Conclusión: Donde la leyenda se encuentra con la realidad

El Sudeste Asiático es una tierra de muchas leyendas. Solo hay que pensar en la espectacular grandeza de Angkor Wat, y esto queda claro. Las naciones del Sudeste Asiático tienen historias que se remontan a miles de años, y muchas e innumerables civilizaciones han surgido y caído durante las muchas y variadas épocas de las dinastías del Sudeste Asiático. Estos regímenes atravesaron todo tipo de intrigas políticas y se enzarzaron en una batalla tras otra con las fuerzas contrarias.

Por ejemplo, el reino de Vietnam se formó por las presiones de China al norte y el régimen de Champa al sur. Fue en medio de esta olla de presión donde los vietnamitas aprendieron a ser expertos absolutos en la guerra de guerrillas. Por otro lado, Indonesia, con su ubicación privilegiada entre las rutas marítimas de China e India, se convirtió en la estación de pesaje definitiva para las mercancías comerciales, así como para la religión y la cultura. A lo largo de la historia, la mayoría de la población indonesia ha sido hindú, budista y musulmana. Gracias a esta pluralidad de creencias, Indonesia se enorgullece hoy de ser una sociedad religiosamente tolerante. Por supuesto, Indonesia también se beneficia de su historia en el comercio de especias, y hoy es líder mundial en muchas formas de comercio. De hecho, Indonesia cuenta con una de las mayores y más sólidas economías de todo el Sudeste Asiático.

Sin embargo, todas estas civilizaciones son lugares dinámicos que ciertamente están a la altura. El turismo es un gran negocio en el Sudeste Asiático porque, sencillamente, siempre hay algo nuevo que explorar. Paseando por antiguos templos hindúes o siguiendo los pasos de aventureros del pasado como Marco Polo, Ibn Battuta o Fernando de Magallanes, se puede sentir algo de la maravilla que debió conocer la Compañía Holandesa de las Indias Orientales. Al fin y al cabo, el Sudeste Asiático no es un lugar cualquiera. No es solo un conjunto de penínsulas, costas tropicales e islas. También es la tierra de Brahma, Buda, el islam y el catolicismo. El Sudeste Asiático es un reino de pura maravilla, ese país de nunca jamás en el que lo antes imaginado es de repente posible.

El Sudeste Asiático fue la tierra de las especias que atrajo a los navegantes a lo largo y ancho del mundo, y los árboles ricos en caucho fueron los que atrajeron a los franceses y al Japón imperial. El Sudeste Asiático es, en efecto, abundante en recursos. Pero la tierra del Sudeste Asiático no es solo donde el caucho se encuentra con el camino: el Sudeste Asiático es también donde la leyenda se encuentra con la realidad.

Vea más libros escritos por Captivating History

Apéndice A: Lecturas adicionales y referencias

Hall, D. G. E. *Burma*. 1950.

Hannigan, Tim. A Brief History of Indonesia. 2015.

Lockhard, Craig. Southeast Asian World History. 2009.

Myint-U, Thant. The Making of Modern Burma. 2001.

Reid, Anthony. Charting the Shape of Early Modern Southeast Asia. 1999.

Stuart-Fox, Martin. A Short History of China and Southeast Asia: Tribute, Trade, and Influence. 2014.

Tully, John. A Short History of Cambodia: From Empire to Survival. 2005.

Yellen, Jeremy A. The Greater East Asia Co-Prosperity Sphere. 2019.

www.ingramcontent.com/pod-product-compliance
Lightning Source LLC
LaVergne TN
LVHW011847060526
838200LV00054B/4217